二軍監督奮闘記

小笠原道大

ワニブックス
|PLUS|新書

はじめに

本書が出版される頃には、すでに2019年のシーズンが終わっていると思います。私にとっては、中日ドラゴンズ二軍監督としての4シーズン目が終わったところ、ということになります。

この本では、2019年の春季キャンプから真夏の公式戦シーズンまで、私が日々感じたこと、考えていることを通して、「二軍監督」という仕事について、とくに「育成」というテーマを中心に語っていきたいと思っています。

あわせて、現在ドラゴンズの二軍で奮闘している選手たち、二軍での葛藤を乗り越えて、一軍に定着した選手たちについても具体的に触れていきます。

修業中の選手たちが、それぞれどのような課題に取り組んでいるか。あるいは、どうしても一軍に定着できずにいた選手が、今季すっかり中心選手になった過程にはどんなことがあったのかなどもお伝えしていきます。

二軍とは、一軍という「メインユニット」をサポートする、「後方支援部隊」です。一軍のニーズに応えられるよう、さまざまな可能性に備えなくてはならず、やらなければならない仕事は多岐にわたります。

その中でも今回「育成」という部分に焦点を当てるのは、それがかけがえのない、尊い任務であると信じているからです。

球団には多種多様の仕事がありますが、その多くはチームを強くすることを目的としています。とくに私たちが主に担当している「育成」という仕事は、チームの強化に直結するものですし、球団に関係するすべての人を元気づけるものでもあります。中でも編成部門、スカウトの方の苦労に報いたいという気持ちが強くあります。

スカウトの方が足を棒にして日焼けしながら、何年も通って頭を下げて獲得してくれた選手たち。彼らを一軍の晴れ舞台でプレーできるように育てたい——その思いが強いのです。預かった選手たちを5年、10年、20年と活躍できるようにすることが、私たち二軍コーチングスタッフの大切なミッションです。

「預かりました、でも育てられませんでした……」では済まないと思っています。

さらに言えば、それは中日ドラゴンズという一球団内のことにとどまりません。ひとりの野球選手がプロ球団に入って来る背景には、たくさんの人たちの努力とサポート、そして期待があります。

家族・親類はもちろん、指導者の皆さん、チームメイト、少年・中学校・高校・大学・社会人の野球関係の皆さん、行政などグラウンドを管理する方々、用具のメーカーやショップ、マスメディア、応援してくれる皆さん……プロ野球選手がひとり誕生するためには、たくさんの方の愛情が結集しているのを私は知っています。

そのすべてが日本の野球を支えて、盛り上げてくれているのです。

大げさに聞こえるかもしれませんが、一軍で活躍できる選手を育成するということは、日本の野球界に励みを与え、すべてを幸せな方向に発展させることだと思っています。

それが、野球に育ててもらった私の、野球界への恩返しです。

今、ドラゴンズの二軍は大きな変革期を迎えています。

2019年は新たに与田剛監督を迎えたこともちろんありますが、ここ数年のドラフトで高校生を積極的に指名するようになり、二軍を構成する選手たちが一気に若年化したのがその主な理由です。具体的な数字で説明しましょう。

ここ3年間のドラフト（育成ドラフトは除く）で獲得した高卒選手の人数は、次のとおりです。

2018年　3人（全6人）
2017年　5人（全6人）
2016年　2人（全6人）

この3年間を合計すると、全18人のうち10人を高校生が占めています。これは、比率でいうと55・6%です。

では、それより前の3年間はどうだったでしょうか。

２０１５年　１人（全６人）
２０１４年　０人（全９人）
２０１３年　１人（全６人）
こちらの３年間合計は、全21人のうち２人（９・５％）となります。
つまり、３年間単位の比較では、高卒選手が5倍に急増しました。

今度は逆に、いわゆる「オールドルーキー」の数を見てみましょう。大学から社会人（または独立リーグ）を経て入団した選手の人数です。高校生に比べると６歳以上も年上になります。
最近の３年間のドラフトを見てみましょう。
２０１８年　０人（全６人）
２０１７年　０人（全６人）
２０１６年　０人（全６人）
高校生へのシフトとは対象的に、ひとりもいません。

その前3年間ではどうでしょうか。
2015年　2人（全6人）
2014年　3人（全9人）
2013年　2人（全6人）
全21人のうち7人（33・3%）が、高卒後6年間以上のキャリアを経て入団していま
す。
どちらがいいとか、悪いとか、そういう話ではありません。ドラフト戦略は、その年に指名可能な選手次第で毎年変わっても不思議はありません。だから、指名傾向について何か物申したいということではまったくありません。
ここで言いたいのは、これだけ指名する選手の年齢層が違えば、単純に二軍を構成するメンバーが激変するということです。そうなれば当然、二軍の機能というものが、より育成を重視するようにバランスが変わっていくわけです。
今年の二軍読谷キャンプでは、前年の甲子園を沸かせたドラフト1位の根尾昂（内野

手・大阪桐蔭高）が大きな注目を集めました。

そのおかげで、他の選手たちもたくさんの観客の方々から見てもらうことができました。プロ野球選手はファンに見てもらって成長するものですから、とても良かったと思います。

非常に有望な若手が増えて、マスコミやファンの皆さんからの注目度がアップしているのをひしひしと感じます。早く一軍で活躍できるようにという願いも、痛いほど伝わってきます。でも、私は焦らせたくないと思っています。

それは、重圧をかけないようにとか、甘やかすということではありません。そのほうが結果として育成の成果が出やすいという意味です。


私たちが高校生だった頃に比べると、最近の選手たちは、体づくりについての知識をはるかに多く持っています。栄養、筋トレ、休養の効果を理解している選手が多くいます。立派に発達した筋肉の持ち主も珍しくありません。

また、多くの若い選手たちは、パワフルで理屈に合ったフォームでバットを振り、ボールを投げています。指導者の知識や、映像分析の技術などが影響しているのだと思います。

ただ、どんなにゴツい体に見えても、どんなに美しいフォームに見えても、どんなにパワフルなスイングに見えても、それはそう見えるだけ。まだ中身は「プロフェッショナル仕様」にはなっていません。

あくまでも不動のレギュラーになることを目指し、体づくりや基礎的な体の使い方を身につけることに十分な時間をかけ、長期的な計画の中で技術練習を積み上げ、数多くの試合を経験する中で相手への対応力を磨いていく。

それによって、揺るぎない実力を築き上げるほうが結果的に大きく成長できますし、長い間、活躍できるようにもなります。

「急がば回れ」なのです。

もちろんその過程の中で、思いがけず急成長を見せれば、時に応じて一軍という場で勉強していくのはいいと思います。一軍にいたとしても、長期的視野を持った育成はできますから。

そういう意味では　たとえばドラフト4位の新人・石橋康太（捕手・関東第一高）は2019年の7月から8月にかけて一軍に呼ばれて、試合出場を果たしました。

2試合目の出場、プロ入り初のスターティングメンバーだった7月9日の広島東洋カープ戦（ナゴヤドーム）では、第3打席に初ヒットとなる2点タイムリー三塁打をライト線へ打ちました。リードを1点から3点に広げ、勝利をたしかなものにする貴重な一打でした。

約1カ月間で一軍登録を抹消されましたが、これは予定どおりのことです。毎日でなく休み休みで短期間なら、一軍の試合に出場する力は十分にあります。でも試合で打席に入る、守備位置につく機会は減ってしまいます。貴重な経験はできたので、次は二軍戦で実戦をたくさん経験させようということです。

一軍の試合の経験はルーキーにとって鮮烈なものだったはずです。大観衆の前で打席に立ち、一軍のピッチャーと対戦する。守っては一軍のピッチャーのボールを受け、リードする。すべては、二軍では経験のできないことばかりです。

今回の体験で、石橋の意識が大きく変わったのは間違いありません。でも実際問題、石橋には二軍で勉強しなければいけないことがまだまだたくさんあります。

これからは、山積みの課題と向き合うときに、二軍でプレーをしていても、たえず一軍にいる自分を想定しながら練習に取り組めるでしょう。これは一軍で通用する、これは一軍では通用しない、ということを、より現実感を持ってものごとを判断していくようになったはずです。

根尾は石橋に先を越された形になりましたが、焦る必要はまったくありません。抜群の運動能力とセンスを持っているのは誰もが知っています。キャンプ直前にふくらはぎを軽く痛めて、プロのスタートは別メニューとなりましたが、今はまだ二軍戦に出場し続けることで、自分の中身を充実させることに淡々と専念していればいいと思います。

もうひとり、ドラフト5位ルーキーの垣越建伸（投手・山梨学院高）は、まだまだ体づくりの入り口の段階です。

キャンプでは目一杯の投球をさせませんでした。慎重の上にも慎重を期し、「石橋を叩いて叩いて、やっぱり渡らない」というくらい、ブレーキをかけました。

現在は周囲に追いついて、二軍戦でも登板していますが、あくまでも「数年後の本格化」というイメージで長期的な強化をしていきます。


高卒ルーキーたちが注目を集め話題にもなっていましたが、私が今年の春季キャンプでうれしかったのは、ひとつ上の先輩たち、高卒2年目の選手たちがこの1年間で着実に成長している姿を見せてくれたことでした。

たとえば、伊藤康祐（外野手）。去年は見ていても「やらされている感」だけが伝わってきました。体力がまるで追いついていなかったからそう見えたのだと思います。

しかし、今年はそういう印象をまったく受けませんでした。1年間でかなり体力的な自信がついたのでしょう。練習にも主体的に取り組み、自分の考えを言葉にすることも増えてきて、少しずつ自分が出せるようになってきていました。

伊藤は、2019年4月の終わりに一軍に昇格。東京ドームの読売ジャイアンツ戦でスターティングメンバーに抜擢されてデビューを果たしました。4回目のスターティングメンバーだった5月25日の東京ヤクルトスワローズ戦では2番で3安打4得点という活躍もありました。

なんとか一軍にしがみついていたのですが、6月頭に太ももを痛めて一軍登録を抹消されました。その後しっかり治して、二軍戦にも出場しています。しっかり鍛えながら次のチャンスを待っているところです。

内野手の高松渡は、1年目の2018年は腰痛に悩まされ二軍戦出場もままならず、ほぼリハビリに時間を費やしていました。今は存分にプレーできているので、どんどん試合に使っていきます。持ち前の俊足をアピールできるようなプレーをガンガン仕掛けて、磨いてほしいと思います。

素材は抜群ですので、今年は体づくりと試合出場を継続して自信をつけ、来年またさらにステップアップできるようにつなげていってほしいと思います。

高卒2年目は、3人のピッチャーにも触れていきましょう。

こちらとしては、本格化に向けて少しずつ実力をつけていけばいいと思っているのですが、投手については、二軍戦で結果を出していれば、そうした思惑とは別に上から声がかかるものです。そのときは、そのチャンスをつかんでしまえばいいのです。

最初にチャンスが回ってきたのは清水達也でした。去年からの1年でもっとも変わった投手と言っていいでしょう。

夏の甲子園の優勝投手ですが、高校時代はリリーフエースでした。

「先発をやりたいんです」と本人が言っている――そんな情報が入ったので、じゃあやらせようということになりました。

やりたいようにやらせていたのですが、去年はまだまだボールが弱かった。

1年たった今年は、少しずつ力がついたようで、強いボールが投げられるようになり、徐々にレベルを上げてきました。

走り込みだけでなく、傾斜のあるブルペンで投げ込み、投げるための下半身を作っていきました。よくこの1年でスタミナをアップさせてきたと思います。

オフの期間も先輩について練習し、アドバイス受けながらやっていました。彼の努力のたまものです。

2019年5月12日、阪神タイガース戦に一軍昇格、即先発登板を果たします。思い出の甲子園球場で、うれしい初先発初勝利をなしとげました。

その後、計8試合に先発して2勝2敗。7月上旬に一軍登録抹消となりました。まだまだ「つぼみ」の段階ですが、非常にいい経験をしたと思います。

次にチャンスが回ったのが山本拓実でした。プロ野球界ではとびきり低い167センチという身長をデメリットではなくメリットにして、下から伸び上がるような直球を武器にするピッチャーです。

4月にも一軍に呼ばれましたが、このときは1日のみで登板なく抹消。7月に再び登録され、マツダのカープ戦で初の先発登板。負け投手にはなりましたが、5回2失点という内容はとてもいいものでした。

翌週、甲子園のタイガース戦で先発登板し、6回1失点で初めてQS（クオリティ・スタート）を記録するとともに、うれしいプロ初勝利をあげました。

石川翔は春に絶好調で、一軍の先発ローテーション入りをほぼ確実なものとしていましたが、開幕前の二軍戦で肘を怪我してしまいました。非常に速い球を投げる才能豊かなピッチャーですので、じっくり治して復帰してほしいと思います。

こうして、1年目、2年目の高卒選手の現状を紹介したのは、現在ドラゴンズの二軍が、いかに「育成」を必要としているかをイメージしてもらうためです。

育成・教育というのは、誰にとっても大変重要なテーマです。多くの企業や団体、それに家庭で、「育てる」ことについて悩んでいる人が多いと聞きます。

この本がそんな皆さんの悩みを解決できるかどうかはわかりません。でも、少なくとも私自身が、皆さんと同じように「育成」というものに真剣に向き合い、悩みを抱える者のひとりであるのは事実です。もしかしたら、共感してもらえることがあるかもしれません。

プロ野球のような「勝負の世界」と、一般企業などとを同列に語ることはできないと思います。ただ、「結果を出すための組織」という意味では、プロ野球チームはまるでそれを濃縮したエッセンスのようなものです。

「結果を出すための育成」は役に立つ部分があるかもしれません。

二軍監督というのは一般企業の中間管理職に似た部分がかなりあるようです。そんな「野球界の中間管理職」を務めた私の手記が、さまざまな環境にある皆さんの刺激になればうれしく思います。

目次

第二章　土台を築く

第四章　一軍定着を目指して

第一章　二軍監督を打診された日

ドラゴンズが「拾ってくれた」

「このままでは終われない……」

2013年11月。ジャイアンツで最後の3年間を不本意な成績で終え、私は新しい環境を求めてFA権を行使しました。

もう一度、ゼロから挑戦したいという一心でしたが、40歳になった私のことを獲得に乗り出す球団はありませんでした。

そんなとき、唯一、獲得の意思表示をしてくれたのがドラゴンズだったのです。

おそらく、もうほかに獲得に乗り出す球団はないだろう。いや、たとえあったとしても、一番早く声をかけてくれたドラゴンズ以外に考えられない。私もすぐに応えたい気持ちでいっぱいでした。

ああ、またプレーできるんだ！　もっとやれるんだ！

最後のチャンスをくれた。もう誰からもピークを過ぎたと思われ、まるで地に落ちていたような自分を拾ってくれた。野球選手として、最後の場所を作ってくれた。

あの時のことを思い出すと、今でも感謝の気持ちが込み上げてきます。

優勝するために力を貸してほしい――そう言ってくれたドラゴンズになんとか恩返しをしたいという気持ちで精一杯プレーをしました。

1年目、２０１４年は、いわゆる「代打の切り札」として、とても重要な場面で起用してもらいました。

ジャイアンツ時代の最後も代打で出ることが増えていましたが、それ以前はスターティングメンバーで出場することが圧倒的に多かったため、適応するのに苦労しました。試合の勝敗を左右する場面で、いきなり試合に入っていく難しさ。自分が打って決めよう、力みが入って失敗することもありました。

そこで、発想を転換させて、「自分が決めてやる」と入れ込まずに、アウトにならなければいいと考えることで、精神的優位を思い出すことができました。

チャンスの場面で打席に入っているわけですから、苦しいのは相手投手のほう。自分より追い詰められていることを思い出せたことで、ある程度の結果を出すことできました。

こうして、ドラゴンズでの1年目が過ぎていきました。

「やりきった」引退

しかし、2年目はさらに思うようにならず、苦しいシーズンになりました。7月上旬に一軍登録抹消になり、二軍で若い選手たちとともに時を過ごしたのです。

二軍にいる間も手を抜かずに、やるべきことをやりました。毎日、早くグラウンドに行き、遅くまでグラウンドで練習をする。これが私のやり方です。

ここまで私を支えてきたのは、毎日の習慣だと思っています。それを「努力」と呼ぶ人もいるかもしれないが、自分にとっては「生活」の一部でした。

一軍の試合で打ちまくって恩返ししたいのが本当の気持ちでしたが、それができないのなら、せめて二軍の若者たちにいい影響を与えられるようにしたい。そんな思いで練習に打ち込みました。

「このままでは終われない」という気持ちは、いつしか「やれることはすべてやりきった」というものに姿を変えていきました。最後の2年間、自分が思ったように野球をやらせてもらえたことへの感謝の気持ちでした。

引退の意思を伝え、最後の試合をいつにするか決めました。チームはクライマックスシリーズ進出をかけて最後まで戦っていたので、あえて事前の公表はしませんでしたが、自然と伝わったようでした。

２０１５年9月21日、ナゴヤドームのジャイアンツ戦。スターティングメンバーで出場し、２１２０本目のヒットも打つことができました。

まさに、「やりきった」引退でした。

「今後は未定」からの急展開

引退試合が終わると、私は自宅で完全休養モードに入っていました。その時点で、身の振り方は何も決まっていなかったのですが、少しのんびりしたかったのです。

ところが何日かしてドラゴンズから連絡があり「二軍監督をやらないか」という打診

がありました。

現役の「最後の場所」を作ってくれた球団。その流れで辞めて引退して、すぐにまたやりがいのある仕事の話をもらいました。こんなにありがたい話はないですよね。拾ってくれたドラゴンズに恩返しがしたい。さらに重要な仕事を任せてくれたことにも恩返しがしたい。

そうしてこの4年間を過ごしました。

あまり昔のことまではわかりませんが、ドラゴンズは選手に「最後のチャンス」を与えることがたびたびある球団です。

川相昌弘さんは２００４年にジャイアンツからドラゴンズに移籍し、引退する06年までドラゴンズでプレーしました。

日本ハムファイターズ時代の先輩で現在ドラゴンズのコーチを務める奈良原浩さんは、現役最後の06年シーズンをドラゴンズで過ごしました。

同学年の上田佳範は、トライアウトを経て入団し、コーチとしてのスタートもドラゴンズで切りました。中村紀洋も、育成契約でドラゴンズに入団して、キャリアをつなぎました。多村仁志も横浜ベイスターズ、福岡ソフトバンクホークスなどで活躍したあと、現役最後はドラゴンズの育成選手でした。

もちろん、始めからドラゴンズに入団した選手が、そのままドラゴンズで引退する場合であっても、手厚いケアをしているように感じます。現役時代の晩年を迎える選手に温かいのが、ドラゴンズの特徴なのかもしれません。

無名の高校時代と5年間の社会人時代

現役時代の終盤以降、私の仕事場はすっかり二軍になっていますが、若手時代はあまり二軍にいませんでした。とはいえ、決して順風満帆な野球人生だったわけでもありません。

同学年の石井一久、上田佳範、中村紀洋、鈴木一朗（イチロー）、三浦大輔が、高校生でドラフトに指名されてプロ入りする頃、私はプロ野球界からまったく見向きもされない無名選手でした。

これは謙遜でも、おおげさでもなく、まぎれもない事実です。

暁星国際高から社会人（NTT関東）へと進みましたが、野球選手として優れていたからというよりも、恩師である五島卓道監督（現・木更津総合高校監督）の強烈なプッシュにより採用してもらったというのが正直なところです。

社会人では主にキャッチャーをやっていましたが、どこでもやる「便利屋」でないと、選手としてやっていけないのではないかという危機感がありました。

高卒の社会人選手は3年間で「プロ野球解禁」になりますが、私のところにはドラフトのドの字も聞こえてきませんでした。

地道なバッティング練習が少しずつ実を結んできた社会人4年目には、ドラゴンズのスカウトから「ひょっとしたらあるかも」と聞かされていましたが、結局指名はありませんでした。

転機となったのは1996年、社会人5年目でした。都市対抗野球大会予選で所属するNTT関東は敗退してしまいましたが、勝ち上がった新日鐵君津（現・日本製鉄かずさマジック）の補強選手に選ばれました。

この大舞台で活躍することができて、ようやくプロ入りを引き寄せることができたのです。ちなみに、このとき新日鐵君津で4番バッターを務めていたのが、私と同学年で、同じ社会人5年目の松中信彦でした。

そして私は、この1996年秋のドラフトで、ファイターズに3位で指名されました。当時のドラフトのルールは、いわゆる「逆指名」がありました。いろいろと複雑なルールでしたが、大まかに言うと、各球団2人まで大学・社会人の選手に限り「自由競争」で獲得できた、というようなものでした。

でも私は3位なので、普通の指名です。客観的に考えて、当時のファイターズ球団は、私のことを「相場」よりもずっと高く見積もってくれたと思います。

打球が芝生の境目にも届かない

1年目のキャンプでは、早速一軍に選ばれました。

その頃の鮮烈な思い出があります。バッティング練習で打席に入ったのですが、打球がまったく飛ばなかったのです。芝生の境目までも行かない。そんな状態が何日間か続きました。

「都市対抗野球で大活躍した好打者」という触れ込みでプロに入ってきたはずなのに、高校野球でも、社会人野球でも毎日当たり前のようにやってきたマシン打撃や、バッティングピッチャーの打ちやすい球を打つことができないのです。

この想定外の事態には、さすがに顔面蒼白、頭はパニックになりました。

バッティングコーチに「もっとしっかり振り抜きなさい」と言われて、それを意識すると、ようやく少しずつ飛ぶようになってきました。

ひとつには緊張して体が動かなかったのもあるとは思いますが、それよりもスイングに問題があることが、だんだんわかってきました。

高校、社会人と金属バットで野球をやってきた弊害でした。当時はまだ社会人野球も金属バットの時代だったのです。

木製バットでボールを飛ばすには、バットをしならせてヘッドを走らせなければいけません。そのためには下半身でしっかり地面を踏みしめて、土台をどっしりさせなければばいけない。

金属バットであれば、そこまでの踏ん張りがなくても、体をくるりと回してそれと一緒にバットも回してやればなんとかなりました。

バットの硬さ、その反発力だけでボールを飛ばすことができました。いつの間にかそれに合ったスイングが、体に染み込んでしまっていたのです。

金属バットと木製バットとでは、これほどまでに違うものかと、驚きをかくせませんでした。

思えば、私がプロは下半身と体幹を鍛えなければ通用しない世界だと強く認識したのは、これが始まりだったのかもしれません。

その後、足腰の強化と、土台の踏ん張りを強く意識するスイングを繰り返すことで、「ボールがまったく飛ばない問題」は解決の方向に向かいました。

3年目でつかんだレギュラー

一軍での試合と練習の日々が軌道に乗ってきたと思いきや、5月に体調を崩してしまい、初めて二軍に落ちました。

復調後、二軍戦で結果を出して、8月にはまた一軍に戻ることができました。結局、若手時代にまともに二軍で練習や試合に励んでいたのは、このおよそ3カ月の間くらいでした。

プロ1年目の私は内野手登録でした。編成としては、キャッチャーとしての守備力にはあまり期待はしておらず、バッティングと俊足を生かして内野の一角を狙ってほしいという願望があったのだと思います。

しかし、その内野にはあまりチャンスがありませんでした。

この年、新人だった私と同時にファイターズに新加入したのが、ジャイアンツから移籍してきた落合博満さん。当時43歳でした。キャンプ初日に、流れでキャッチボール相手になり、それ以後もずっと続きました。落合さんとはその後も節目節目で交差する、不思議なご縁がありました。

その落合さんがファースト、セカンドは堅い守備力で高卒4年目にしてすでにレギュラーを確保していた金子誠、サードには強打者の片岡篤史さんがいて、ショートは「ミスター・ファイターズ」田中幸雄さんがいます。ここに割って入るのは難しいように感じました。

そんな中、私はキャッチャーとして試合に出ることが多くありました。その頃のレギュラーキャッチャーは、学年で3つ上、大卒5年目の田口昌徳さんでしたが、当時の上田利治監督はご自身も捕手出身だったこともあり、チーム内の激しい競争によりキャッチャーのレベルアップを目論んだのではないかと思います。

そして2年目は、捕手での登録となりました。キャンプから一軍スタートで、代打と控えキャッチャーという形で試合に出ていたのですが、またしても5月、今度は守備中に左手人差し指を骨折してしまい、一軍登録を抹消されました。

ところが、登録抹消からまだ日が浅く、骨折も完治していないというタイミングで、なぜか一軍昇格となりました。仕方がないので指をガチガチに固定したまま打席に入ったら、それがホームランになり、以降は一軍に定着することとなります。

ただし、一軍にいるというだけで、若手が二軍でやるような強化練習を一軍でやっていました。早出、居残りでバッティング練習や強化トレーニングを継続する習慣は、もうこの頃からやっていました。

こうした練習は、やらされたというより、自分からやったと言えます。高卒で入って大活躍している選手も多い中、後ろから追いかけているという意識だったので、やらなければ追いつかないという思いがありました。

もちろん、当時のコーチングスタッフが、一軍に置いていても、プロの体づくりをしっかりやって、体力を強化して、細かい技術練習もしっかりやらせようと徹底してくれたのもありました。今思うと、非常にありがたいことでした。

3年目になると、落合さんが引退したため空いたファーストのレギュラー争いに参戦し、そこでレギュラーの座を確保しました。

首脳陣が空いたポジションに、自分のことを当ててはめてくれたように感じるところがありました。

それと、今でこそ珍しくありませんが、当時は画期的と言われた「バントをしない2番バッター」として売り出してもらって、自分自身に勢いがつきました。いろいろなツキがありました。上田監督には感謝をしてもしきれません。

二軍経験は現役晩年の方が多かった

このように、プロ入り直後から一軍で使ってもらえたため、私の二軍経験と言えば、若手時代よりもベテラン時代、現役晩年のほうがよっぽど多かったといえます。

ジャイアンツ時代の２０１２年、13年、ドラゴンズ時代の14年、15年は、日中にファームの試合に出場する日々でした。

朝早くから練習のために集まり、昼間、真っ黒に日焼けしながら、若手選手たちと一緒にボールを追いかけました。

そこで得た経験は、二軍監督になってから大いに生きました。たとえば私と同じように、30代後半以上の選手が再調整してこいと二軍にきたときは、自分自身も経験しているから、どんな気分でいるのかは手に取るようにわかります。どういう言葉のかけ方、接し方をすればいいのかもわかります。

その経験がない人に比べれば、ひとつ多く引き出しがあります。自分が経験したことなので、説得力をもって話ができると思うのです。

2019年のキャンプイン

2019年1月下旬、沖縄。前置きが長くなりましたが、話題を現代に戻します。

2月1日の春季キャンプのスタートから長いシーズンが始まります。空港に降り立ち、ホテルまでの移動で窓に流れる景色を見ていると、懐かしさとともに、「今年もまたやるぞ」と徐々にテンションが上ってきます。

12月、1月とプロ野球選手としての公式な活動はなく、ファンの皆さんも2月1日のキャンプインを心待ちにしていただいていると思います。報道などを見ていても、その高揚は伝わってきますし、自分自身も気分が盛り上がっていきます。

全身をユニフォームに包んで、身支度をしていると、「ああ、今年もまた来たんだな」と実感するのです。

2月1日はプロ野球のお正月といいますが、まさにその心境です。

二軍監督として4度目となる2019年の「お正月」は、一軍の新監督を迎えたこともあり、また一段と気が引き締まるものでした。

「勝ちにこだわっていく」これが、与田監督が内外に公表したテーマでした。

敵チームとの勝負、チーム内のライバルとの勝負、自分との勝負……。たしかに、プロ野球選手は勝ちにこだわらなくては生き残っていけません。それはしっかり受けとめて、ファームにも浸透させていく必要があります。

それと同時に、二軍には二軍のテーマもあり、それと上手く両立させていかなければなりません。

先にも述べましたが、二軍戦は勝負にこだわることを前提としつつ、選手の成長を優先するために、勝負度外視の戦術を選択することもあり得ます。

また、チーム内のライバルとの競争についていえば、「いつでも平等な競争があるとは限らない」というのも二軍の真実です。

ハッキリ言ってしまえば、結果が出ようが出まいが「強化指定選手」として、優先的に二軍戦に出場する選手がいます。

その選手を育てることがチーム全体としての優先的なミッションなのです。それは厳密な意味での「勝負」ではなく、「えこひいき」だと言えばそのとおりです。

しかし、だからといって「負けていい」ということではないのです。成長を優先して、勝負は度外視といっても、本気で勝負しなければ、成長もありません。単に失敗を恐れることなく思い切って戦ってこいと言っているだけのことであり、実のところ「勝ってこい」と送り出しているのです。

強化指定されている選手は、そのありがたみをしっかり認識して、着実に成長していかなければいけません。

逆に、ライバル選手は、「負けてたまるか」と悔しさを闘志に変えて挑戦すればいいだけの話です。

これまでのプロ野球の歴史の中には、新人のときにはライバルより低く評価されていたのに、それを覆して大スターへと成長した選手がたくさんいます。そんなサクセスストーリーはいくらでもあるのです。

プロ野球選手としての勝負は3年や5年では語れません。10年、15年、20年という時間をかけて、「勝利」をつかむこともできます。

だから、目先のことにとらわれず、地道な努力を継続していけばいいのだと、私は思います。

二軍監督のキャンプ

さて、キャンプ中の私はというと、練習が終わったあとはお風呂に入って、いったん頭の中をリセットして、野球のことを全部追い出すようにしています。といいつつ、お風呂の中でも、風呂上がりの部屋の中でも、いつのまにか考えているのは野球のことだったりするのですが（笑）。

明日はどうしようかな、雨が降ったらどうするかな、あの選手は今後どんなプレーヤーになるのかな……ぼーっとしているはずが、いろいろと考えています。

宿舎での夕食は、ビュッフェスタイルで各自バラバラにとることになっています。だいたい18時から21時くらいの間でしょうか。

私はやや遅い時間に行き、ひとりで食べることが多いです。もちろん、他のコーチやスタッフと一緒になれば情報交換しながら楽しく食べます。ときには、バッティングピッチャーやブルペンキャッチャー、トレーナーといったスタッフや、コーチたちと一緒に外食することもあります。

そんなときも、やっぱりいつの間にか野球の話に花が咲いています。一緒の時代をプロ野球界で生きてきた仲間ですから、ついつい懐かしい昔の話になることもありますし、これからのことについて熱く語り合うこともあります。それはいろいろ。キャンプ中はずっとその繰り返しです。

少し話が脱線しますが、私にとって裏方さんたちとのコミュニケーションはとても大事なことです。

キャンプを支えるスタッフたちは、みんな激務なのですが、中でも一番大変なのはトレーナーではないかと思います。

ドラゴンズ二軍の読谷キャンプでは、朝は7時頃から夜は23時頃まで、5人ほどのトレーナーが40人もの選手・コーチらのコンディションを陰から支えてくれています。もちろん、全員が毎日ケアを受けるというわけではありませんが、みんなの疲労を回復させるために日夜尽力してもらっています。

何かと個人主義な部分の多いプロ野球界ですが、「裏方さんたちへの感謝を忘れるな」という教えは、どこの球団でも先輩から後輩へと口を酸っぱくして伝えられていることだと思います。

現場のすべてを統括する二軍監督という立場もありますが、裏方さんのモチベーションが低下しないように、困りごとがないかどうかを聞くように心がけています。

職務でなくとも、ありがたいという気持ちを伝えたいとも思っています。そもそも彼らがいなければ、プロ野球選手は満足な練習ひとつできませんから。

そんなときに、裏方さんたちの口から、選手たちの「ちょっといい話」を聞くことがあります。

普段はあまり見えない内面的ないいところ、たとえば人間関係の細かい気遣いができる人であるとか、意外とリーダーシップがあるとか、思いがけずにそんな話を聞いたりすると、とてもうれしく思います。

弱肉強食の勝負の世界は、「いい人」だからといって報われるとは限りませんが、自分の目の届かないところで素晴らしい人間性を見せているという話が聞けるのはうれしいことです。

さて、キャンプの休日には、まったく野球のことを考えない日もあります。年に一度の野球漬けの日々は大切ですが、やはり、それればかりでは、煮詰まって、考えが偏ってしまうこともあります。だから、あえて野球を遠ざけます。

では何をするのかと言われても、なんということはありません。トレーナーにマッサージをしてもらったり、何も考えないで見るともなくテレビをつけておいたり、野球以外のスポーツを見たり……。夜になったら歯を磨いて寝るだけです。

翌朝はいつものように6時には起床して、準備しています。まったく真面目なものです（笑）。

二軍監督が使える〝資源〟

一軍と違って、二軍のことがメディアを通じて報道されることはあまりありません。なので、二軍監督がどのような仕事を担っているのかは、あまり知られてないかもしれません。

なので、そのあたりにも触れていこう……と、思ったのですが、なんとなく皆さんが想像するとおりかもしれません。

簡単に言ってしまえば、二軍監督は文字どおり二軍の監督です。二軍という現場の一切を取り仕切る責任者。それ以上でも、それ以下でもありません。

逆に言うと、編成など球団の運営に関することはもちろん、一軍のことについての権限は一切ありません。

もちろん、意見を求められれば進言することはありますし、必要な情報を提供することもあります。でも、主になることは決してありません。

上層部からの指示やニーズに従って、「ベストな後方支援」をするのが二軍の務めであり使命です。

では、二軍監督が使うことのできる資源はなんでしょうか。

まず人的資源としては、二軍の選手たち、二軍のコーチングスタッフ、いわゆる「裏方さん」と呼ばれる球団スタッフである、バッティングピッチャー、ブルペンキャッチャー、トレーナー、マネージャーら。

機会としては、練習と試合があり、それを行うための設備として、ナゴヤ球場、室内練習場、遠征先の球場などがあります。

これらのリソースを最大限有効活用して、一軍を後方から支援する。それが二軍監督に求められるミッションです。

そうは言っても、食料や用具を補給するわけではなく、補給するのはもっぱら選手、交代要員です。

その代わりに、一軍から再調整が必要な選手や、故障した選手を預かり、いい状態にしておきます。

テーマパークの管理運営と似ている

それはテーマパークや大博覧会を管理運営しているような感じでもあります。

あるブースは「一軍準備選手」、いつでも一軍に上げられる「スペアの選手」たちの状態をキープします。人数制限の関係で登録から外れている外国人選手もこちらに含まれます。

別のブースでは、怪我をしてしまった選手たちのリハビリを実施し、二軍戦で実践感覚を取り戻す「立ち上げ」を行います。

一方、育成ブースでは、中長期のスパンで若手に経験を積ませていきます。

そして、育成段階を終わっているけれど「一軍準備選手」には入っていない、もっと戦力としての状態を上げていく必要のある「中間層のブース」がある、といったイメージです。

今、どういう戦力があるのかと一軍から問われたときに、幅広いラインナップを揃えておくことが求められます。

そう考えると、おのずと優先順位というものが存在することがわかるのではないでしょうか。なんといっても、目先のことが肝心なのです。

一軍で不慮の怪我人が発生して、選手を補充しなくてはならないというのは、残念ながらよくあることです。

そういうときに備えて、守備位置のみならず、打者としてのタイプ、守備走塁の上手さなどの特徴も含めて、さまざまな選手をいつでも一軍に送り込めるように準備しておかなくてはなりません。

怪我をして、リハビリのために二軍に来た選手は、早く一軍に戻ってほしいと切望されています。ですから、リハビリを無事に終えたら、他の選手を脇へ押しのけてでもその選手に実戦でプレーしてもらって、早く感覚を呼び戻してもらう必要があります。レギュラー選手、中心選手であれば、もう最優先です。

ここまででも持っている資源を全部使い果たしてしまいそうですが、そういうわけにはいきません。

〝中間層〟が競争を活性化させる

2～5年先にレギュラーとして活躍する選手を育成するには、やはり優先的に試合で経験を積ませていく必要があります。そうしないと今はよくても、将来の選択肢が狭くなってしまうでしょう。

そして、ここまでのいずれにも該当しない選手たちもいます。彼らもまた、強い危機感を持ちながら、なんとか一軍へ、まずは一軍準備選手の位置を獲得しようと、必死で努力を重ねています。

たしかに彼らは優先順位が低くなっていますが、彼らが実力をアップさせるからチーム内の競争は激しくなり、チーム全体の力がライバルチームに負けないものになっていくのです。

だから、その中間層の選手たちにも、試合出場の機会を見つけ出しては、チャンスを与えていく必要があります。

そうでなければモチベーションが維持できなくなってしまいます。それでは、チーム内の競争状態を緩めてしまい、結果としてチーム全体が活性化できなくなってしまうのです。

一般的な「平等」は存在しない

これらのすべてを完璧に満たそうとすると、どうしても試合数が足りません。チャンスが少ない人も出てきますが、プロ野球の世界には一般的な「平等」という考え方はありません。結果を出せないとどんどんチャンスが減っていきます。そのことは常に選手たちへアナウンスしています。

預かった選手みんなが一軍で活躍できるようにという気持ちで育成を行っていますが、現実としてそれは不可能です。

毎年ドラフトで6人前後の新メンバーが加入しますが、支配下登録の人数は70人と決まっているので、だいたい同じ数の選手が引退と戦力外で去っていきます。その多くは、二軍に長くとどまっている選手から選ばれるのが現実です。でもそれは「結果主義」という尺度の前では平等なのです。

我々にとって大切なのは、いつでも「一軍にとってベストな後方支援を行う」という二軍の使命に立ち返ることしかありません。ときには厳しい決断になることもありますが、「やらなければならないこと」に照らし合わせれば、何を優先するべきかという方針が決まります。

方針さえ固まれば、あとは担当コーチの意見を参考にしながら判断していくことになります。

そして、一軍の後方支援をするという機能が低下していないか、その原因は何かと、高いところから見回ることも二軍監督に求められる仕事です。

コーチ陣、選手たち、スタッフたちとコミュニケーションを取り、必要な情報がしっかり入ってくるようにする。選手たちの成長を助ける環境を作っていく。そうすることによって、二軍を機能させることができるのです。

指導者歴「二軍スタート」は財産

引退前後の流れの中で、指導者としてのキャリアを「中日ドラゴンズ二軍監督」からスタートさせることになりました。

それは珍しいことなのかもしれませんが、自分ではあまりそれを意識することはありません。

肩書としては二軍監督ですが、二軍はみんなが力を合わせて選手を成長させる場なので、とくに選手との間に壁を作る必要もないと思っています。

積極的にコミュニケーションを取るようにしていますし、心構えや体づくりのこと、バッティングの技術的なことについて、選手たちにアドバイスすることもあります。

肩書や担当はそれぞれの仕事を尊重するという意味でとても大切です。

でも、ひとりの選手を育てる上で大切だと思うことは、肩書に関係なく伝えていきたいし、行動していきたいと考えています。もちろん、あくまでも各担当コーチの仕事を妨げない範囲で。

ひとつ言えることは、二軍という場所で指導者としてのスタートを切ることができたのは「たぶん良かった」ということです。一軍の指導経験がなく、比較ができないので、「たぶん」です。

当然のことながら、一軍の指導者は結果に対する責任を問われます。しかも即座に、1試合ごと、いや試合中にも問われるでしょう。

結果を出すことでしか価値を証明できないと言っても過言ではありません。調子の出ない選手がいれば、瞬時に診断を下して、状態を上げるための対策を授けなければいけません。

それだけでなく、試合中に相手を分析して、即座に情報提供や指示を出すことも求められます。

そうしたことができるようになるには、多くのケースを見て、考えて、試して、修正してといった経験値が必要になるのは間違いありません。

そのようにして身につけた判断基準が自分の引き出しとなって、指導の幅を広げることができるのです。

指導者といったって、始めからなんでもできるわけではありませんし、常に新しい知識に貪欲であり、勉強していかないと、陳腐化した知識や、時代遅れの指導しかできなくなってしまいます。

そういう意味では、二軍は何事も少し長い目で見ていきますし、考えたり、勉強したりする時間が確保できるように思います。

もちろん、将来的には一軍での指導もやらせてもらいたいと思っていますが、そのときにも二軍というものがどういうものであるか、その事情がわかっていることはメリットになるはずです。

また、選手ひとりひとりの成長を、二軍時代も含めて見ていることもプラスになるのではないかと思っています。

一軍とはまったく違う形で、腰を据えて勉強できる二軍という環境を与えてもらったことは財産だと思っています。

2016年10月、秋季キャンプでノックを行なう著者（写真:日刊スポーツ新聞社／朝日新聞社）

第二章　土台を築く

体の芯の弱さを克服した選手

阿部寿樹は大学・社会人を経て2019年でプロ4年目。前年までは、上へ下へのエレベーター選手でしたが、今年は一軍定着どころか、一気にセカンドのレギュラーを確保するほどの進化を見せています。

入団当初は、今の状況からはまったく想像できないくらい体の芯が弱い選手でした。この章のテーマである、土台と体の芯は同じことを意味しています。もう少し具体的に言うなら、足腰（下半身）と背骨周り（体幹）の筋力です。

明治大学、ホンダと名門を経ているので、誰しも「即戦力」という言葉を想像すると思いますが、そうと決めつけるわけにはいきません。

大学や社会人時代もしっかりトレーニングはやってきているのでしょうが、プロのように毎日試合をするという環境がない限りは、プロでやっていくための筋力はつきません。これは、金属バットだけを振っていたために、木製バットを振るための筋肉を鍛えられなかった私と同じです。

それだけでなく、5年間も社会人野球を経験した私でも、毎日試合をこなしていくだけの体の芯の強さ、土台作りはまったく足りていなかったと実感しました。

とにもかくにも、阿部の入団当初は、体力がありませんでした。キャンプの練習でこってりと絞られると、文字どおり体まで絞られてしまって、やせ細ってしまいました。

これはパワーがないということとは違います。阿部も右打者ながらライト方向にスタンドインするようなパワーを持っていました。もともと体の使い方にはいいものを持っていて、セカンドを守れるほどの器用さや敏捷性も備えています。

けれども、体の芯が弱かった。体幹、内転筋といった体軸周辺の筋肉にスタミナがなく、初年のキャンプでは、途中で満足にバットを振れなくなり、二軍行きとなってしまいました。

二軍に送られてきた阿部を見てみれば、まさに体の中心部のスタミナ切れで、体の運動をコントロールできない状態でした。

下半身を強化するために、ヘロヘロになるまで毎日バットを振り込ませました。これは強制的にやらせました。もう、フラフラしているところをとっつかまえてでも振らせたのです。

指名練習があれば、毎回指名して、足元がおぼつかない状況でも強化練習をやらせました。相当きつかったと思いますが、本人も歯を食いしばりながらついてきました。やがて少しずつ強くバットが振れるようになってきました。土台がしっかりしてきた証拠です。

そしてようやく、その土台の上に、もう少し細かいこと、技術的なことに取り組めるようになってきました。ひとつずつ取り組ませるということを3年間やってきました。もうここから先は、どんどん上手くなっていく時期です。

体の芯に強さができたことによって、いよいよプロのスイングを覚えていくレベルに達しました。それと同時に一軍に定着、スターティングメンバー確保というものが現実的になってきました。

厳しい言い方になりますが、運動神経はいいので、形のいいスイングを持っていましたが、体の芯に力がないため、見た目だけで中身はスカスカというスイングだったのです。

下半身と体幹の力を本物にすることで、ようやくスイングに強さが出てきました。一定レベルに達したことで満足せず、さらに芯を強くし続けて、持ち前の体の使い方、センス、機能性という点を本物にしていってほしいと思います。

ここからは一軍での経験と、自分の考え方や工夫次第で実力をアップしていくことができます。

だから、しつこいようですが、しんどくても今の時期を大事にして、今までのような努力を継続することです。一生懸命やっています。ここまでやってきた本人の頑張りは立派だと思います。

一軍の若手選手が少ない状況

「二軍の若年化」については先に述べましたが、同時に「一軍の高年齢化」が進みつつあるとも言えます。つまり現在のドラゴンズは、普通であればもっとも選手が多いはずの25歳前後の年代が少ないのです。

2019年は前年に引き続き「強化指定選手」とも言うべき、高卒1年目、2年目の選手たちを二軍戦で大胆に使っています。

もはや、何か特別な事情がない限り、彼らを優先的に使っていくというのが定着してきた状況です。

本来、こうした「空洞化現象」ともいえる状況は望ましくないのかもしれませんが、無理に解消しようとする必要はないかもしれません。

ちょうど高校野球で1年生レギュラーが多いチームのように、若くしてレギュラーをつかんだ選手が多いチームになれば、それだけ「黄金期」、「成熟期」が長くなるかもしれません。そういう方向性を目指すのもひとつの手だと思います。

実際は、チームはどんどん新陳代謝をしていくわけで、さらにその下の年代がどんどん突き上げてこなければいけませんし、大卒、社会人でいい選手が取れれば、また違う角度からチームを強くしていくことができるでしょう。

3つの育成ステップ

選手には「どこで修業をするのが向いているか」というのがあるように思います。高校からプロ入りするのが適している選手もいれば、社会人に進むのがベストの選手もいます。

大学が向いている選手もいますし、大学からさらに社会人へと進み、そこからプロへと挑戦するのがもっとも合っているという人もいます。

心身の成長には早熟型か大器晩成型かという、伸びる時期の違いがあるのです。赤ちゃんの体重の増え方のように、人それぞれ、成長曲線のカーブには違いがあるのです。私などは、明らかに人よりずっと遅くなってから伸びるタイプだったわけです。

それだけでなく、精神面での成長カーブというのもあります。性格であったり、自信の育ち方であったり、さまざまな理由によるものだと思います。だから、高卒選手たちの育成をメインにしながら、「追加」で入ってくる新人選手たちによって、肉体的にも精神的にもさまざまな成長曲線を持った選手たちを揃えること。さらに外国人選手やトレード等でバランスを整えながら、チームを常に生き生きとさせるのが理想のチームづくりではないかと思います。

中長期的な育成というのは、まず「土台づくり」をベースに置いて、それをずっと継続することが第一のステップです。

レギュラー選手として1シーズンまっとうできるような体力、とくに下半身や体軸のスタミナを少しずつつけていくことがすべての基礎になります。

その上で、二軍戦（もちろん一軍の試合のほうが、はるかに経験値が高いです）で実戦経験を十分に積むことが第二のステップです。

できるだけたくさんの打席や登板機会を確保して、プレーの精度を高めていく必要があります。

そしていよいよ一軍定着やレギュラー獲得に挑戦するのが第三のステップです。なかなか一発合格というわけにはいかないでしょうが、少しずつ向上して精度を上げていくことが重要です。

一軍は、競技レベル的にも、メンタル的にも二軍戦とはまったくレベルが違います。

その一軍公式戦で結果を出すことが、最終的な目標です。

この３つのステップは、選手それぞれの能力レベルによっては必ずしもひとつひとつクリアするように進む必要はありません。

たとえば、いきなり一軍に挑戦することになったとしても、土台作りは中長期的に取り組まなければならない、そういう意味です。

この本では、話題をこの３つのステップに分けて、第２章から第４章で取り上げていきます。

怪我なき育成への遠い道のり

土台作りはプロ野球選手として必要なスタミナでもあり、技術を乗せていくための基礎でもあります。さらにもうひとつ、怪我をしない体を作るという重要な意味もあります。

野球の中で用いられる動きは、バッティングにしろ、ピッチング（スローイング）にしろ、「スイング動作」です。下半身を土台として固定し、背骨をひねり、上半身を振るというのが基本動作です。

これに複雑な重心移動や、足先から指先までの細かい動きが絡んできますが、大まかに言うと、下半身で発生させたエネルギーを上半身に伝えて、素早いスイング動作につなげる運動です。

ここで言う土台作りというのは、このスイング運動を年間・何十万回と行っていく上で強く、安定的にできるよう、足腰（下半身）と背骨周り（体幹）を継続して鍛えることを指しています。

とくに新人は下半身と体幹の強度が足りていないので、一定レベルに達するように重点的に鍛えていく必要があります。

もちろん、一定レベルに達した人であっても、それを維持し、筋肉の性能を落とさないように継続して鍛える必要があります。

ただし、「強化」の段階に比べれば、「維持」のほうがずっと楽であるとは言えるでしょう。

ただし、放っておけばどんどん筋力が衰えてしまうベテランになれば、普段からのトレーニングやメンテナンスに気を遣う必要が出てきます。

野球選手の怪我にはいろいろなものがありますが、ふくらはぎ、太もも、腰、脇腹、背中といった下半身や体幹部分はとても多いと言えます。

これらの部位にあるさまざまな筋肉の柔軟性を保ち、バネのように伸縮する性能をキープすることで怪我を予防できます。

ただし、若い選手の場合は、強化の途中で怪我をしてしまうことがよくあるのです。スイング運動は、上半身と下半身の連動によってスピードが上がりますから、下半身と体幹を上手く使えるかどうかがポイントになります。

その土台が弱いと、上半身に無理な力がかかって、肩や肘といった関節を傷めることにつながるケースもあります。こうした怪我を予防する意味でも、土台を鍛えるのはとても大事なことです。

２０１９年前半も、ドラゴンズの二軍には怪我でリハビリを行った人がたくさんいました。ただ、それほど大きな怪我になっている例があまりないのは救いです。

怪我はどうしてもゼロにはできませんので、せめて軽いもので済むように、普段から土台のトレーニングはしっかりやってほしいと思います。

〝ハリボテ〟を強化して本物にする

自分の野球人生を振り返ると、「もっと野球がうまくなりたい」、「もっと打てるようになりたい」という、あくなき欲求との戦いだったように思います。

それは子供の頃に始まり、40歳を過ぎて引退を決意するときまで、本質的な部分では何も変わりませんでした。

もしも自分が、今子供時代を過ごすのだとしたら、どんなにいいだろうと思うことがひとつだけあります。それは、スマートフォンやタブレット端末を使って、自分のバッティングフォームをいつでもどこでもつぶさにチェックできることです。

テクノロジーの進歩が、子供たちの野球上達への道筋を大きく変えているのは間違いありません。

たとえばＮＰＢやＭＬＢにいる憧れのバッターの動画を見ます。次にその動画と同じようになる角度から、自分のスイングを撮影します。

そしてアプリを使って、ふたつの動画を同時再生して、どこが違っているのかを自分の目で見て確かめる。こんなことができてしまうのが今の時代です。

そのような目で見ていると、最近の高校生たちのスイングがみんな素晴らしいのは、そうした時代的な背景も関係しているのかと気づきます。

たしかにお手本となる誰かのスイングと同じように、見た目もいいし、体の使い方も理にかなっていて、無駄な力が入っていません。しっかりとバットのヘッドが走り、インパクトに力が集中できています。

ただし、この「かっこいい形」はまだまだただの「ハリボテ」なのです。形は出来上がっているように見えますが、実は骨と皮だけで中身は空洞です。

だから、軽くて風に飛ばされそうなほど安定感がなく、強度がないため壊れやすいし、長時間の使用に堪えられるような耐久性もありません。

でも、いいところはたしかにあるのです。見た目がいいのは、体の使い方ができていて、運動のセンスがある証拠。少なくとも、それを一時的に再現できるだけの筋力もあります。

あとは、面白くない基礎練習や、つらいばかりの体幹トレーニング、強化トレーニングを地道に繰り返し、数限りなくスイングや投球動作を繰り返すことで、少しずつ空洞の内部に中身が満ちていきます。

ハリボテにすぎなかった「形」は、次第に叩いて潰そうとしてもヘコむこともなく、押しても引いてもビクともしない、そんな「本物」になっていくのです。すべての動作の基本となる足腰の強さ、体幹の強さ。まずはここからです。

もちろん、みんなしっかり練習を重ねてきて、多くの選手はそれなりの体の強さも持っています。でも、まだまだ寒い時期、暑い時期、シーズン中毎日のようにプレーをしなければいけないプロ野球では、そのようなレベルの体では決して太刀打ちできません。

選手たちは、ダイヤモンドの原石です。どの原石も、もともとの良さが評価されてプロという最高の舞台にやってきました。

石はひとつずつみんな違い、磨き方、カットのやり方によって、その個性は輝きを増していきます。磨き、形作りをするために、まずは原石をしっかり固定する必要があるのです。

努めてソフトに接する

若い選手たちに、大切なことを伝えるのは簡単なことではありません。内容、タイミング、伝え方の3要素が揃わないと、心に響かないということもよくあります。

少なくとも、コミュニケーションが取れる関係性を作っておかなくてはいけません。ところが、それ以前に、選手たちが異常に緊張していることに気づきました。どうやら怖がられているようです（笑）。

「監督」と呼ばれる立場なので、多少はピリッと接してほしいところはありますが、この風貌のせいでしょうか、何か存在そのものが怖いらしいのです。

だから、そんなことで心をガチッと閉ざされないように、若い選手たちには努めてソフトに接するよう心がけています。

実際のところ、高卒1年目、2年目の選手たちは、自分の子供ぐらいの世代ですので、誤解を恐れずに言えば、子供に話すのと同じようにしています。そのあたりは時代の変化だとも思います。

情報を与えすぎるのも考えもの

ちなみに私たちの時代はどうだったかというと、それはそれは大変でした。「振っとけ」、「走っとけ」の一言で終わりだったこともあります。いつまで振ってればいいのか、いつまで走ってればいいのかもわかりません。完全な一方通行で、コミュニケーションなどという概念がありませんでした。

今では考えられないと思う一方で、昔はそれでもどうにかなったのだな、ひょっとしたら今は情報を与えすぎているのかもしれないな、とも思います。

たとえば、速い球を投げようとすれば、昔なら「ボールの縫い目に指をかけて、下半身を使って投げなさい」と言われました。

非常に情報量が少ないのですが、その分、まずは自分でやってみて、想像力を膨らませたり、自分で手順を考えたりして情報が足りない分を補いました。

一方、今はもうスタート時点から情報が多い。画像、動画、成功した人の感想、失敗した人の感想、それをまとめた情報……あふれるほどの情報があるので、まず何が「正解」なのかを調べて、わからないことがないようにしてから、ようやく取り組み始めます。

これは選手たちばかりを責めるわけにはいきません。世の中全体がそういう情報化社会なのですから、野球だけを切り離すことはできません。

現実的に、この行動パターンで効率的にものごとが解決できることも数多くあります。ですから、スポーツだけ、野球だけ、そのパターンから除外するというのは難しいことです。

指導する側も、早く成長させたいという気持ちがあり、たっぷり情報を提供し、効率重視の練習をさせることも多いのです。

理想を言えば、それはそれで大事、自分で考えることも大事と、しっかり分けて伝えるべきなのでしょうが、限られた時間で、早く成長してくれるようにと、練習内容を詰め込んでいる現実もあります。

指導に必要な心の余裕

こんなことがありました。ある選手にアドバイスをしたら、即座に「それってどうやればいいんですか」という質問が返ってきました。

まるで1から10まで正解を教えてほしいと言わんばかりだったのです。

「そういうところだ！」と私は厳しい口調で言いました。

まずはやってみて、自分なりに考えてみて、わかったこととわからないことを整理したあとであれば、同じ質問をするにしても、もう少し内容も、聞き方も変わってくるはずです。

結局、野球の技術には正解などあるわけがないのだ。ほんの少しの違いを自分で感知して修正できるようにならないと、打席の中で好結果は残すことはできない。その場で誰かに「正解」を尋ねるわけにはいかない　自分で感じ、自分で考えることでしか打てるようにならない――。

そんな言葉のやりとりをしたのは、一軍と二軍を行ったり来たりの、いわゆる「1・5軍」の選手でした。その出来事以降、少しずつ変化してきたように感じます。

情報が多すぎる世の中で、我々は知らず知らずのうちにすぐに正解を求める行動パターンになってきています。

それによって無駄が省けるようなこともたくさんありますが、そんな安直な方法では解決できない問題のほうがよっぽど多いのではないでしょうか。

野球という勝負の世界はとくに、短い時間の中で対応したり、一瞬で判断をしたり、相手の思い込みや予測の裏をかく駆け引きがあったりもします。自分の頭で考えなければ勝てるわけがないのです。

それをわかってもらうためには、始めはソフトに接して会話が成立するようにもっていき、徐々に自分の頭で考えることの大切さを理解させるしかありません。

そうなると、指導をする側の心に余裕がなければいけません。どんなに「正解」を伝えたとしても、それが身につくかどうかは別の問題です。ましてや人それぞれ適したやり方が違うのが野球なのであって、「正解」などというものはほとんどの場合、存在しません。

だからこそ自分で考えなければいけないのですが、海の真ん中にポーンと放り出してしまうようなことをしても溺れてしまうだけです。

そのため、「正解」を言うのではなく、考えるための「ヒント」と、考えるために必要な「時間」を与えるというスタイルの指導が有効です。

でも、それをするためには、「遠回りも大事だ」と、自分に言い聞かせる指導者の心の余裕、そして忍耐力が必要になってきます。

努力する人と努力しない人

自分の頭で考えるか、それとも教えてもらったことだけをやるかという問題は、自主性とか主体性の問題とも関係します。これがまた難しい問題なのです。

しんどく苦しい練習は、強制的にやらせないとやりません。

しかし、強制的にやらされている限り、頭の中では自分を「被害者」、やらせている人を「加害者」とするような意識になり、逃げたいと思い続けるようになります。これはなんだかおかしなことです。

しんどい練習は野球が上手くなるためにやっているのであって、上手くなってうれしいのは自分です。

一軍の試合で活躍できるようになって、給料がアップして、たくさんの人に応援してもらえるようになって……と、トクをするのも自分です。

強制されて嫌だと感じていたことを、自主的にやれるようになれば、野球選手として大人になったと言えるのではないか――私はそう思います。

自分自身を振り返ると、高校時代の公式戦で1本もホームランを打てず、社会人で5年もプレーしていた、エリートでもなんでもない自分が、ヒットを2120本、ホームランを378本も打てたというのが本当に信じられません。

でも、なぜそんなことが可能になったのかと考えると、やはりコツコツとバットを振り込んできたからだとか、体を鍛えてきたからだとしか言えません。
「努力は必ず報われる」とまで言えるかどうかはわかりませんが、少なくともラクをして結果を求めようというのは虫が良すぎると思います。

事実、才能にもセンスにも恵まれているのに、努力をしなかったために成績が残せずにクビになった選手なら数知れず見てきました。だから、若い頃からグラウンドへは早く行き、遅くまで残っていました。

キャンプでも昔の先輩たちは、早く上がっていましたが、ペーペーの自分が追いつくには、練習をたくさんするしかないと思っていました。

そのうち、自分がベテランと呼ばれる年代になってもコツコツやるのが習慣になっていたおかげで、継続していい成績が残せたと思っています。

素振りにしても、反対方向にたくさん打つことにしても地味な練習ですが、これを継続してやっていたおかげで自分は打てるようになりました。

自分でやってきたことだから、若い選手にも自信をもって言うことができます。

通過点で慢心してしまうのはもったいない

あるバッターはアドバイスに従って、地道な努力をコツコツ続けて、成績が出るようになり、ようやく一軍に上がることになりました。

「ずっと継続しろよ、約束だぞ」と声をかけて送り出したものです。

上がってすぐに結果が出て、しばらくはよく使われていたのですが、だんだん成績が下降線になっていました。

そんな時、ナゴヤ球場に練習に来ていたので声をかけてみます。

「ちゃんと続けてやってるか？」

しかし、返ってくる言葉がありません。

「言ったよな、約束したよな」と言いながら、心の中は虚しさ、失望感でいっぱいでした。しんどい習慣でも、習慣になっている限りは比較的容易に継続できるものです。しかし、一度やめてしまうと、もう一度再開するのは意外と難しい。

そして、まずいと気づいたときはもう遅いのです。元の同じラインに戻すのには、大きなエネルギーが必要になってしまっています。

コツコツ続けて得られる進歩は毎日ほんの少しずつでしかありません。しかし、それをすべて失うのは、あっという間のことです。

自分のコンディションやモチベーションのレベルもガクッと落ちているし、周囲の評価や信頼もまた同じように落ちているのです。

その事実を、過去の事例をまじえて伝えたつもりでした。でも、伝わっていませんでした。なぜなのだろう……疑問が渦巻きます。

そんなに難しいことだっただろうか。もっと違う伝え方があったのだろうか……いろいろと考えさせられました。

結局、それから10日もしないうちに二軍に落ちてきました――。

成長の途中、小さな目標達成で満足してしまうのは彼に限った話ではありません。プロ野球選手になれたことだけで満足してしまう選手も大勢います。

慢心なのか、何か心を惑わされることがあったのか、本当の理由は知ることができませんが、とにかく、もったいないことです。

次期主戦捕手へ視界良好な選手

大野奨太、桂依央利、木下拓哉、加藤匠馬と、現在ドラゴンズの捕手は中堅クラス以上が揃い切磋琢磨しています。

正直なところ、あまりキャッチャーが一軍と二軍を頻繁に行き来するというのは、落ち着かないということもあると思います。

しかし、現実的にレギュラーが誰と決まっていない以上は、活発な競争の中でチャンスをつかみ、ポジションを奪ってほしいというのが正直な思いです。

そんな中で、久しぶりに入ってきた高卒ルーキーキャッチャーの石橋康太には、次世代を担うという期待がかかります。

早くも一軍で堂々デビューを飾ったことは先に記しましたが、それを手繰り寄せたのが、7月上旬の二軍戦でカープの野間峻祥の二盗を刺したこと。これがひとつの指標になり、一軍で勉強する機会を得たと言っていいでしょう。

今年前半、ちょうど吉見一起という経験豊富なピッチャーが二軍で調整をしていたので、しばらくバッテリーを組ませました。

要求したサインに対して首を振られることで、自分自身の考えと、投球術に定評のあるベテラン投手の考え方の違いに気づくこともあるはずです。

イニングが終われば、ベンチで会話をして、良かったこと悪かったことを確認しながら覚えていくこともあるでしょう。

いろいろなことを経験しながら成長しています。

ベテランの助言は、コーチとはまた違う響き方をします。ベテランの選手を含めた「チームとして育成」することは、とても大事なことで、吉見には感謝しています。

総合力の高いキャッチャーに育てることが私たちの使命です。

捕手の技術については、田村藤夫二軍バッテリーコーチがほぼマンツーマンで石橋についいて指導しました。

田村さんは石橋の高校の先輩でもあり、同郷の先輩でもあり、目標にしてほしい城島健司のお手本でもあった人。

これ以上ない指導者なので、しっかり学んでほしいと思っています。

キャッチング、ブロッキングといった捕手の基本技術については、反復練習あるのみ。とことん数をこなして、身につけていくしかありません。

頭でわかる以上に、体に染み込ませ、覚え込まさなければいけないのです。それには、3年、5年という時間が必要になります。

そうした地道な基礎練習に加えて、投手をリードして打者を抑える方法を覚えるには、実戦経験が不可欠です。

現時点では、二軍戦で学ぶべきことが多いので、優先的に出場機会を増やすようにしています。球団全体で合意がとれた「強化指定選手」です。

バッティングの素質には目を見張るものがあり、年齢の割には、しっかりバットを振ることができています。

もちろんまだまだ芯の強さという意味では高校生レベル、ハリボテからのスタートです。土台づくりも地道な努力の継続で、完成度を上げていけばいいでしょう。

「打てる捕手」と一口に言いますが、いろいろなタイプがあると思います。石橋にはぜひ、対応力の高い、なんでもできるという意味での「打てる捕手」を目指してほしいです。

相手バッテリーの攻め方をキャッチャーらしい推理力で読み切って、それなりの打率や出塁率を残せる。一発長打もある。追い込まれたらファウルで粘って、ピッチャーに余分なボールも投げさせることもでき、フォアボールをもぎ取ることもできる。バントもできるし、走者の動きを視界に入れて対応することもできる。

そんな理想的なバッターになっていってほしい。それは先の話として、まずは最低限、平均点以上のバッティングができるようになることからスタートです。

その過程で、少しずつ一軍の試合でマスクをかぶる機会も増えていくはずです。一軍の投手から教えてもらえることは、二軍とはまた違う大きな財産になります。ファンの皆さんには長い目で成長を見守ってもらえればと思います。

担当コーチに任せる

野球チームのことを「軍」と表現するように、野球とは組織の力を競い合うものでもあります。

ブロックサインひとつで意思を統一したり、自己犠牲によって進塁させたりということが行われるためには、信頼関係に基づく「規律」が重要です。

指導者の役割分担についてもそれが言えます。「権限の委譲」と「越権行為の禁止」がコーチ陣を運営していくための規律です。

先にも述べましたが、一軍二軍を問わず監督というものは、現場で起きることすべての統括責任者です。

しかし、その範囲があまりに広すぎることもあり、どこでも担当コーチに仕事を割り振る分業制をとっています。

今年のドラゴンズ二軍で言えば担当コーチとして、打撃コーチ、投手コーチ、バッテリーコーチ、内野守備走塁コーチ、外野守備走塁コーチ、巡回野手コーチ、コンディショニングコーチがいます。

二軍監督は、各コーチに専門的な指導については完全に任せる（権限を委譲する）のが基本です。

権限を委譲することで、監督は全体の状況把握や指揮命令に専念できるし、任された専門コーチは自分の責任範囲内で自由に思い切った指導ができます。

これは一軍に限った話ですが、野球は成績がすべて数字となって現れるため、良い結果にせよ、悪い結果にせよ、担当するコーチの成績としてハッキリ現れます。

だからこそ、責任範囲を越えて指導をするような「越権行為」は混乱のもとになりかねないためタブーとされるのです。

そのあたり、二軍の場合は「結果」というものが何を指すかがあいまいだったりします。あくまでも一軍の後方支援が二軍のミッションですから、二軍戦におけるさまざまな数値がコーチの責任とばかりは言えません。

もちろん、過度な「越権行為」は問題ですが、選手の成長を願って各部門で協力することも多く、言うべきアドバイスは部門を越えて積極的に行うのが二軍でのよくある光景です。

2019年読谷は実験的キャンプに

2019年の読谷二軍キャンプは、選手の人数が少なく、さらにまだまだ体ができあがっていない高卒数年という選手が数多く参加したため、例年とは違った様相を呈しました。

キャンプでの練習内容については、話し合いをしながら、各担当コーチに任せたのですが、その結果、全体として練習時間はかなり短め、練習によってかかる負荷はかなり少なめというキャンプになりました。

高卒ルーキーと高卒2年目が多く、また中堅から上の選手もいたこともあり、ガンガン思いっきり追い込もうという構成ではありませんでした。

追い込んでしまうとパンクする恐れがあり、あまり強くできません。だから今年は、選手たちも毎日そこまで疲れ切っていなかっただろうと思います。

なんとなく「キャンプじゃないキャンプ」という感じで、3時過ぎには全部終わってしまって。ランニングやウェイトトレーニングをやったところで4時半頃には全員が引き上げていました。

例年であれば実技練習を5時まで粘ってやって、そのあとにランニングとかウェイトトレーニングとか、居残り特打とかをやっていました。そういう意味では今年はずいぶんと雰囲気が違っていました。

選手たちが顔をしかめるような強化練習、あえて負担をかけるような練習としては、左右に振って走り回らせるノックがおなじみで、週1〜2回はやっていましたが、今年はトータルで1回くらいしか行いませんでした。

ロングティーや素早く連続で振り込む打撃など、いわゆる「強化打撃」も今年はやりませんでした。

このようなキャンプとなったのは、やむを得なかったという部分と、ある種の実験という部分があります。

体力強化や基礎的な練習は、決して短い期間で身につくというものではなく、じっくり長い時間をかけて取り組むべきものです。スピードを上げて怪我のリスクを増大させてまでやるべきものでもありません。

むしろコツコツと習慣化させてやるようなものです。

ルーキーはどうしても張り切ってしまいますし、体ができていないのに、やる気が空回りして、こちらが抑えなければパンクするまでやってしまうのが常です。

まずは故障しないように注意をしながらじっくりレベルを上げていく。その試みは、やってみる価値が十分あると思います。

そして、これは担当コーチたちが考えに考えて導き出した方針であり、最終的に私も了承したものです。

常に私の考えを発信するのは重要ですが、担当コーチが萎縮しないよう、伸び伸びと実力を発揮できるよう、しっかり任せることが重要だと思っています。

その成果として、怪我はしっかりと防ぐことができた上に、その後も若い選手たちは順調な成長を見せています。

ただ、キャンプのたびに徹底的に自分を追い込む練習をやり続けてきた私としては、キャンプという一般的なイメージからすると、今年の読谷の内容はやや物足りなかったです。それが正直な感想ではあります。

勝野の土台づくり

ピッチャーについての専門的なことは投手コーチに任せています。近年では「肩や肘は消耗品である」という考えが定説となり、ピッチング練習をどのようにさせるかは、トレーナーを含めたコーチングスタッフの大きな課題であり、しっかり管理していく必要があります。

故障を予防するという観点でも、やはり体の芯の強さが必要だということは、コーチングスタッフ全員が同じ認識です。

下半身と体軸を強化することにより、上体に無理がかかるのをある程度制御できるからです。

もちろん、先発投手であれば通年でローテーションを守ること、リリーフ投手であれば、ブルペンを守り切ることが理想であり、そのための体力をつけていこうという意味も込められています。

高校から社会人3年間を経て、ドラフト3位で指名されたルーキー勝野昌慶は、ＭＡ

X150キロオーバーのストレートが魅力の本格派右腕。

ドラフト指名後に行われた社会人野球日本選手権で三菱重工名古屋を優勝に導き、最優秀選手にも選ばれました。

そのような実績から、当然「即戦力」としての期待が高まりますが、勝野の場合は、春先はまだ体ができていませんでしたし、フォームも固まっていませんでした。

やはり阿部と同じように、社会人で3年やってきたといっても、プロのように毎日朝から晩まで野球をやるという環境ではありませんでしたから、そこまでの体の強さは求められていなかったのです。

強度が不足すれば、やはり精度を保ちにくくなります。勝野については、快速球を生み出す肩・肘を守るという意味でも、ある程度の時間をかけて、地道に土台を作っていく計画です。

そういう中ではありますが、2019年の5月には先発登板の機会を得て、3試合1勝2敗。3試合目はKOされましたが、他の2試合では一軍でも通用することをしっかり証明できました。

貴重な経験をした後に、一軍登録抹消となりました。

これを自信にしつつ体を作って、来年、再来年には常に一軍にいられるようになればいいと思います。

目先だけでなくて1年後、2年後、さらに言えば5年くらい先までを視野に入れ、そのときにどうなっているのかというビジョンを持って育成することが大事です。そのときに、ドラゴンズにたくさんいる投手の中でも、「勝野のピッチングが好きだ」とファンの皆さんに名前を挙げてもらえるような投手になってほしいと思います。

二軍戦でしっかり投げていれば、また一軍から声がかかります。そこではしっかり活躍し、同時に長いスパンで成長していく意識を持つことです。

梅津も中長期の体づくりを忘れずに

ドラフト2位のルーキー梅津晃大（投手・東洋大）は、新人合同自主トレの際に、右肩インピンジメント症候群と診断されて、別メニュー調整に。

キャンプやその後の練習でも「過保護か！」というくらいゆっくりゆっくり進めて、温めてきました。

夏場に入って、ようやく二軍戦登板ができるまでになり、まずは先発して5回を投げられるようにというのが目標でした。

7月27日、丸亀市民球場でのウエスタンリーグのタイガース戦で、8回1失点の好投を見せて、昇格を決定的にしました。一軍初登板時点での二軍戦成績は、9試合、30・2回を投げて防御率は2・05でした。

そしていよいよ一軍デビューとなったのは、8月12日、ナゴヤドームのタイガース戦。初回1失点したものの、その後は持ち味の150キロを超えるストレートを低めに決め、スライダーとフォークのキレも良く、6回を1失点、7奪三振の快投でした。試合はその後、先輩たちが無失点でつなぎ、初先発初勝利。

とはいえ、体づくりが完了したという状況ではありません。肩への負担を小さくするために、土台づくりは継続してやっていかなくてはいけません。

第三章　経験を積む

石垣のフルスイングはこれから

体がねじ切れるのではないかと思わせる豪快なフルスイングは、見ているファンの皆さんをワクワクさせるのではないでしょうか。

現在は、柳田悠岐、吉田正尚、森友哉らが有名で、古くは小笠原道大か（笑）。

高卒3年目の石垣雅海も思い切りのいいフルスイングが売りです。

2018年のことになりますが、スタープレーヤーへの登竜門といわれるフレッシュオールスターで、一発をスタンドに放り込みMVPを獲得しました。そろそろ出てきてくれるのではないかと、首を長くしているドラゴンズファンも多いと思います。

3年目になって体のほうはだいぶできつつあります。フルスイングが魅力なのは間違いないですが、やっぱりまだまだ荒削りの部分が多々あります。振る動作の中で弱い部分もまだあるので、もっともっと精度を上げていく必要があります。どんなに豪快なスイングでも、当たらないのではすぐに飽きられてしまいますから。

守備のほうでもレベルを上げていかなくてはなりません。まだ一軍の試合に出られるような守備ではないのです。

走塁に関しても同様です。試合にどんどん出る中で、経験を積み、プロフェッショナルになっていってほしいと思っています。

ホームランバッターというよりも、好打者と強打者の間くらいのオールラウンダーになってほしい。まだあっさり淡白なところもあるので、粘り強さを身に着けていくことが大切です。

少々、雑でも大雑把でも、オレはこのフルスイングでいいんだ……という打者にはなってほしくないのです。

緻密さも必要、イヤらしさ、しつこさ。欲張りだが、そう思わせる素質はある。相手に楽をさせないバッターを目指してほしいです。

ナゴヤ球場はドームと同じサイズ

ナゴヤ球場と聞けば、私と同年代の皆さんや、それより上の世代の方々は、かつてドラゴンズが本拠地として使用していた時代を覚えていると思います。

１９９７年シーズンより、ドラゴンズの本拠地がナゴヤドームに移ってからは、ナゴヤ球場がファームの本拠地になっています。

別の場所にあった選手寮「昇竜館」や室内練習場が併設され、グラウンドのサイズをナゴヤドームと同じにするなどたびたびの改修を経て、立派な練習環境として整えられたのだそうです。

現在、球場の周辺は静かな住宅地で、かつてここで「10・8決戦」が行われたというのが信じられないくらいです。

１９９４年、ドラゴンズとジャイアンツがシーズン最終戦に優勝をかけて臨んだ伝説の一戦。３万５千人の観衆を飲み込んだスタンドのほとんどは撤去され、今はもうありません。

それでも、ウエスタンリーグの公式戦には、１０００人以上の熱心なドラゴンズファンが観戦に訪れることもあります。

プロ野球選手は、ファンの温かい応援と、厳しい目によって育ち、鍛えられるものであり、本当にありがたい環境だと思います。

ここでドラゴンズの二軍選手たちが、絶対に一軍で活躍してやるという大志を胸に抱きながら、努力の日々を送っているのです。

ある者はまだあどけなさが残る顔に苦悶の表情を浮かべながら体づくりに励み、ある者は一軍を経験しながらも定着できなかった悔しさを糧に技術を磨き、またある者は怪我からの復帰を期しています。

年齢とキャリアを重ねてきた者は、危機感や焦りを強くしています。

ナゴヤドーム、ナゴヤ球場のサイズは、両翼100m、センター122m、左中間・右中間が116mで、これは「国際標準」であり、近年作られた他の球場（たとえばマツダスタジアム）と比べても同じくらいの大きさです。

ただし、外野フェンスの高さは4・8mあり、低いところで2・5mであるマツダスタジアムに比べてはるかに高い。

とくにセ・リーグ在京3球団の本拠地球場は狭いため、ドラゴンズはリーグの中でホームランが少ないチームとして定着しています。

たしかにホームランはなかなか出ないのですが、完璧なバッティングができれば、当たり前のように柵を越えていきます。

広さを言い訳にしない打撃技術の向上を目指したいところです。

それなりにとらえた打球がフェンス手前で届かないことがあると、次こそはと力んでしまい、打撃を崩してしまう可能性もあります。

しかし、それではダメです。

むしろライナーで外野フェンスの上部にぶつけるつもりで、あるいはライナーで外野手の間を抜くようなイメージで打っていくのがいいと思います。それが他球場に行けば簡単にフェンスオーバーというのなら、それでいいわけですから。

ナゴヤドームに適応する選手

本拠地であるナゴヤドームで勝つための野球というのは、もちろん意識しています。

その最大の特徴は、先にも触れたとおり、とにかくホームランが出にくいことにあります。

これは、数字の上でも実証されています。ドラゴンズの選手だからホームランが少ないということではありません。

ビジターでやってきた他球団のバッターも含めて、ナゴヤドームではホームランが少なくなるという統計的な結果があるのです。

そういえば、王貞治さんが監督として率いていた2003年頃の福岡ダイエーホークスの本拠地、福岡ドームには、ホームランテラス（ラッキーゾーン）がまだありませんでした。

王さんは、その広い福岡ドームのスタンドに放り込めるようになれと指導したといいます。小久保裕紀さん、松中信彦、井口資仁、城島健司ら「ダイハード打線」の迫力にはものすごいものがありました。

それができたのですから、ナゴヤドームに「放り込め」という指導もありかもしれませんが、そこまで極端にならず、現実的な考え方をしたいと思います。やはりライナーでフェンスにぶつけるような打球イメージがいいと思います。

それにもまして、ナゴヤドームでは守備力の差が大きな意味を持ちます。ドラゴンズの内外野の守備範囲の広さは、もはや伝統と言ってもいいかもしれません。

ナゴヤドームにラッキーゾーンを設けたりしない限りは、守備力の高さや、ひとつでも次の塁を奪う走塁意識や技術でアドバンテージを持ち続けたいところです。そのほうがダイレクトに勝ち負けに結びつくこと間違いなしです。

二軍で力をつけるにあたっては、これからも守備走塁には意識を高く、力を入れていきます。

理想とする打線

さて、バッティングについては、まずはさまざまなタイプのバッターを揃えたいところです。

私が思う理想的な打線は、「何を仕掛けてくるかわからない」と思わせるもの。盗塁もある、ヒットエンドランもある、送りバント、セーフティーバント、軽打、進塁打、叩きつける高い打球、ゴロゴー、セーフティースクイズ、両翼を破る二塁打、ホームラン……色んなパターンの攻撃、なんでもできる打線です。

器用な選手ばかりを並べろということではありません。強打者もいれば、巧打者もいる、ホームランバッターもいれば、俊足打者も、思いっきり初球から狙ってくるバッターもいれば、ボールを手元まで引きつけてファウル、ファウルで投球数をかさませる待球タイプもいます。

打率は低いがツボにハマると一発があるという打者もいる……。種類が豊富なほうがいいのです。

もしも似たような打者が並んでいれば、バッテリーは同じ投球パターンで抑えていけます。

しかし、それぞれ狙いが違うバッター、タイプの違うバッターが並んでいると、バッテリーはいちいち考えなければいけませんし、そうなるとスイスイと調子に乗って投げることができなくなります。

次々とタイプの違う打者が出てくると、相手バッテリーや守備が勝手にいろいろな警戒をしてくれて、コントロールミスや守備のエラーが発生しやすくなります。

ピッチャーに楽をさせず、キャッチャーを疲れさせ、守っている野手の神経をすり減らす。あのチームと戦うと疲れるからイヤと思わせればしめたものです。

「相手の嫌がることをやれ」が、野球の基本なのです。

ホームランだけではなかったラミレス

全員に共通することで言うと、それぞれが雑にならずに、しつこさ、いやらしさを持ってほしいというのはあります。

最終的にはそういう技術を身に着けてほしいものです。

外国人選手の場合は、ある程度仕方ないと思うのですが、いやそんなこともない、やはりみんながそうあってほしいと、強く思い返します。

なぜなら、ジャイアンツ時代に一緒に中軸を打った、アレックス・ラミレスという選手を見てきたからです。

彼は、キャッチャーごとの配球パターンを研究して、球種読みに活用していました。そして、試合展開や状況に応じて変幻自在に打撃を変えるのです。

ホームランを狙うときもあるし、一、二塁間のヒットゾーンを狙うこともある。軽打で打点を稼ぐこともあれば、相手の意図、攻め方を予測して罠にはめることもありました。

1打席1打席、それはそれは丁寧にしていました。外国人打者だから、ホームランか三振かの雑な打席でいいというのでは、ちょっとレベルが低すぎると思います。

最終的にはチームの勝利のためにもっとも必要なことを自分で選択できるような、技術的にも状況判断的にも優れた打者を目指してほしい、これが願いです。

簡単にはアウトにならず、同じアウトになるなら、走者を進めたり、投手を嫌がらせたりできる、それもまた相手にとって嫌なバッターということです。

結局、ナゴヤドーム向けの打者というよりも、どこでも打てる打者という話になってしまうのですが。

二軍の投手交代

私が二軍監督に就任した2016年と、その翌年の17年は、20代の半ばや後半といった選手が多い中で、試合に勝つことを中心に据えてウェスタンリーグを戦ってきました。簡単に言うと、一軍の試合と同じように、リーグ優勝を目指します。もし、戦い方に選択肢があれば、チームが勝利に近づくほうを選択するという戦い方です。勝利のために必要なプレーを経験していくことで個人のスキルを向上させる。それこそが一軍に行くための準備だと位置づけていました。

選手ひとりひとりがコンディションを良くしておくのも、試合出場のチャンスを得るためにチームメイトと激しく競争するのも、すべてはチームの勝利のためという考え方です。

一方、先述したようにファームの若年化が一気に進んだ18年と19年については、必ずしも勝利だけに焦点を当てていません。

チームの勝利と個人の成長を天秤にかけ、個人の成長のほうに重きを置くことに躊躇しないというやり方です。

試合は勝ち負けを争うものなので、当然、勝ちにを目指すのが「タテマエ」です。どんな状況でも、決して「負けてもいいぞ」「やられてもいいぞ」とは言いません。やる以上は、絶対に勝つつもりでやってもらわなきゃ意味がありません。

ただし、チームが勝つための最善手と、選手が最大限成長するための最善手の二者択一があったとしたら、後者を優先して選ぶということです。

たとえば、そろそろ体力的に限界を迎えつつある先発投手がピンチを迎え、普通であれば継投する状況があったとします。

でも、ここはあえて「積極的に」ピッチャーを代えず、我慢をしていくことが多いのです。

采配を振るう二軍監督としては、まるで言い訳のようになってしまいますが、こういった選択は、まず勝ちに直結しません。

それでもこんなことをするのは、それが成長につながるからです。

先発型のピッチャーであれば、5回、6回と投げていく中で、スタミナ切れになったりピンチを招いたりするものです。そこで簡単に交代して、リリーフ投手の頑張りによってピンチを乗り越えることはできるかもしれません。

でも、先発投手自身が、自力で乗り越えることを経験しなければ、自信を育むことはできません。

だからそこはあえて、ピッチャー交代をしないで、そのまま続投させるという選択をします。

結果として、打たれたり、プレッシャーに負けて逃げたようなフォアボールになったり、うまく抑えたり……どうなるかはわかりません。

でも、もしもそこを抑えることができたら、そのピッチャーはその成功体験を自信に変えて、大きくステップアップできる可能性があります。

心の弱さを露呈して、逃げてしまった場合は、自己嫌悪に陥ることでしょう。でも、その現実と向かい合うことで、どうやったらその弱さを乗り越えられるかを考えることができます。

打たれた場合でも、まずは自分の体と心に「やられた痛み」が刻み込まれます。幼児は何度も転んで痛みを感じて、転ぶのを避けるようになっていきます。痛みを感じるからこそ強くなろうとするのです。それと同じように、なぜ打たれたのか、何が悪かったかを自分のこととして真剣に考え、その対策に本気で取り組むのです。

そして、思いっきりやって失敗するのは自分の力がないからだと、開き直って戦うマインドを学ぶのです。

そういうわけで、いずれかの結果を体験させたいのですが、力不足のピッチャーであれば、当然のように失敗に終わり、勝利は遠のきます。

大抵の場合、試合は壊れてしまいます。でも、そのピッチャーは貴重な成長へのステップを踏むことができるのです。

「一軍ならバント」の場面でも打たせる

バッターの場合でも同じようなことがあります。

1点リードを許していて試合終盤の攻撃。ここでノーアウト一、二塁というチャンスが到来したとします。普通なら送りバントで一死二、三塁にしておきたいところです。とくに二軍にいる選手は、もし今一軍に呼ばれて、試合で使ってもらったとしたら、バントを命じられる場合も多くなります。打てる確率は高くないと思われているでしょうし、つい最近まで高校生だった若手ならバントが上手いのではないかと思われているでしょうから。

どちらにしても、普通はバントという局面です。

ところが、今日このバッターは、あるテーマを持ってスターティングメンバーに入っていました。たとえば、バッティングフォームを少し改造して、より強くボールを叩けるように、トップの位置を深くしていたとします。練習ではまずまず上手く振れているので、あとは実戦でタイミングを合わせられれば「改造成功」という状況です。

ですから、このバッターは今日、4打席回ってくる中でなんとかタイミングを合わせたいのです。3打席かけて、だいぶ近くなってきていて、そのあとの4打席目がこの打席だったのです。

勝負の上ではバントに決まっているのですが、このバッターの取り組み、今日1日やってきたことを考えれば、「この4打席目で、なんとか完成させてほしい」となるのです。その選手の成長のために、今何が必要なのかを考えて選択をするのですが、攻撃の成功確率を下げてしまうこともよくあります。結果としては「拙攻」にしか見えないでしょうが、こういう背景があったりします。

まだまだ勉強中の根尾

ドラフト1位、高卒ルーキーの根尾昂については、まだまだ経験を積ませている段階です。猛勉強中と言ってもいいでしょう。

その「科目」はたくさんあり、まずは体力強化、バッティング技術、試合の中での内野守備、走塁……これらをひとつひとつ丁寧に勉強させているところです。

期待の大きい選手だけに、早くナゴヤドームで活躍できるようにとファンの皆さんも思っているかもしれませんが、現時点では自分自身で成長していくことについて学ばせています。

直したり、いじったり、押し付けたりということは、まずは行なわず、試合の中で自分の感覚で受け止めることを重視しています。

自分で状況を分析できて、自分で課題を見つけ出して、自分でその解決策を考えて、自分で行動できる――根尾にはそんな自発的に動ける選手になってほしい。足りないものをコツコツ身につけて、大きくなっていくことが一番大事なことです。

これからのプロ野球選手人生、いいことばかりあるわけではありません。弱点を厳しく攻められることもあるし、スランプに陥ることもあります。

時には致命的なエラーで試合を壊してしまうことがあるかもしれないですし、不慮の怪我があるかもしれない……。何があるかわからないのが勝負の世界です。

しかし、どんな困難があろうとも、根尾は逃げることなく立ち向かい、自分の力で乗り越えていかなくてはなりません。どんなことにも対処できる自信を身につけるために、努力を継続しなくてはいけません。

いくら言葉で伝えてもなかなか心に入るものではありませんので、それを試合を通じて学んでもらうために、とにかく試合に出しました。

根尾に関して決まっている方針はこれだけです。

「とにかく二軍戦に出す」

今はまだ、根尾にどういう選手になってほしいというものが、固まっていない、いや固めないことにしています。

そう言ってしまうと少々誤解を招くかもしれませんが、要するに、まだどのポジションを本職とするか、打つことに関してもどういうタイプのバッターに育成していくのかを決めていないということです。

萎縮させたくはないので、根尾にはとにかく自由に、思いっきりやらせることから始めました。あまりこまごまと言うのではなく、まずはどういうプレーをするのか、どういうプレーヤーであるのかを見ていました。

決めつけずに起用する

守備については、まずショートを中心に守らせました。しかし、決めつけているわけではなく、チャンスがあればサードもセカンドも、外野もやらせてみようというスタンスです。

バッティングについては、今はまだ打順は重要ではないと考えています。まずは打席を数多く確保して、さまざまなピッチャーと対戦させる。そこでどのような結果を出すかをじっくり見定めています。

フィールディングもバッティングも、こうした「試験」に基づいて、次にどんな勉強方法を採用するかを考えていくことにしました。

バッティングについては、基礎的なこと、初歩的なことからやっていかなくてはいけません。

根尾はスキーをやっていたこともあり、下半身の使い方、力の伝え方には目を見張るものがありますが、まだまだ向上させる余地はいくらでも残されています。

足腰と体幹の強化は継続的にやっていく必要があります。

合わせるだけのスイングならいつでもできますし、楽に振るのなら簡単なことです。練習でそういう形のスイングをすることも必要ではあります。

しかし、「それだけ」ではすぐに限界がやってきます。

道具としてのバットを、あたかも自分の体の一部であるかのように簡単に扱える。自分の体の一部のように振ることができる、ここがホップです。

ボールとバットを思いどおりにコンタクトできる。非常に高い確率でミートすることができる。大きなステップです。

なおかつ、ハードヒットし、距離も出せるようにする。これがジャンプです。

そんな理想のスイングをするためには、目先の結果を求めて、楽な振り方をしていては進歩しません。

効率のいいバッティングばかりをして、うわべだけでのミートをしていても、それではレベルの高い投手には勝てません。

体にストレスを掛けて、あえて気持ちにもストレスを掛けて、苦しい中で練習を重ねることも必要になってきます。

ルーキーに何を伝えるか

指導者として考えることは、素晴らしい素質を持っている根尾という選手に対し、「何を伝えるか」に順序を踏むことです。

そして、その言うべきことを確実に伝えるためには、「いつ言うか」、「どのような状況で言うか」を考えていかなくてはなりません。

ダラダラと小言のように言うのではなく、担当コーチともよく擦り合わせながら、心に響く局面で伝えていきます。

私の言う内容は、プロ野球の世界で経験したこと。それは少なくとも「机上の空論」ではなく、私というモルモットが実験台の上で結果を出したことなので、正しく活用すれば、きっと参考にはなるはずです。

根尾には、こぢんまりとしてほしくないというのが一番の願いです。しかし、だからといってボールをよく見ずに、むやみやたら振り回すということではもちろんありません。

どのような打者を目指すのかというのは、結局のところ「理想的な打者」になるために、どういう順序でどういうタイミングで要素を付け加えていくかという、アプローチの話でしかないのです。

あきらめることなく、いつまでも「理想的な打者」を目指す。その過程でいくつかのことをあきらめてしまうと、「こぢんまり」になってしまう。

強いフルスイングというのは、ミートできるバッターがするから評価されることなのであって、そうでなければただの「空振り」でしかありません。

始めは物珍しいかもしれませんが、すぐに「いつになったらバットにボールが当たるの？」と興味を失われてしまいます。それは昔から目にしていることです。

ルーキーイヤー前半、根尾は二軍戦でたくさんの三振を喫しました。今、まさに「いつ当たるの？」に近い経験もしているわけです。

最終的には、総合力を全部上げたい。高い出塁率をキープしながら、コンタクトが正確で飛距離もある、でも崩されても粘ってファウルにできて、なんとかヒットにしてしまういやらしさもある。状況によっては自己を犠牲にしてでも進塁打や打点に徹する。

両翼を抜き、外野の間を速い打球で破れば瞬速を活かしてツーベース、スリーベースにもする。ＯＰＳは常時１・０００オーバー。

欲を言えば、根尾にはそういう「最強打者」になってもらいたいのです。

ピッチャーの最高のウィニングショットに、タイミングをずらされながらも、「あれをヒットにするの？」とか、「あれを長打にするのか？」と、驚かれるようなバッターになってほしいと思うのです。

だって、ホームランだけじゃつまらないじゃないですか。野球にはもっとエキサイティングなシーンがいっぱいあります。

なんでもやってしまう選手のほうが、みんなをワクワクさせることができるじゃありませんか。

今で言えば、ジャイアンツの坂本勇人やカープの鈴木誠也なんかがそれに近いバッターかもしれませんね。

しかし、彼らもいっぺんにそこまで来たわけではありません。

毎日トレーニングを欠かさず、練習をしっかりやることで力をつけ、経験を自分の血や肉にしました。

段階を踏んで、さまざまな要素を身につけることで理想的なバッターに登り詰めていきました。

ひとつ飛びで行けるわけではありません。一歩一歩着実に、地道に進んでいく覚悟を、この時期に固めていくことが大切なのです。

投手の総合力

キャッチャーが一人前として育つには、やるべきことが多くあるという話には先ほど触れました。

それに近いのですが、ピッチャーもピッチング以外にいろいろとやらなければいけないことがあります。

ピッチャーを打ち崩すために、各チームとも研究を重ねて、弱点を暴いてきます。一塁に走者を置いたときの牽制のクセ、牽制球のスピード、クイックモーションの巧拙、送りバントやセーフティーバントに対するフィールディング……。

今やいろんな人がストップウォッチ片手に弱点探しをしていますので、これらをそつなくこなせる「総合力の高い投手」でないと、一軍のマウンドに安心して送り出すことはできません。

セ・リーグは投手が打席に入るので、先発型の投手であれば、バントを決められる技術が高ければ有利です。

逆にバントがあまりにも下手だと、勢いを相手に渡してしまいますし、自分自身が気落ちして投球に影響を与えかねません。

もちろん二死や走者がない状況ではヒットを打ったり、ファウル打ちで粘ったり、四球をもぎ取ったりできれば言うことはないので、打撃練習も適度にやっておかねばなりません。

一軍のピッチャーになるためには、ブルペンでの投球練習とともにこれらに対応する反復練習も取り入れて、少しずつ苦手を克服していく必要がありますし、二軍のマウンドでも経験を積んで、自信をつけていかなくてはなりません。

ただし、ものは考えようという部分もあります。ピッチャーの本質は打者をアウトにすることなので、セーフティーバントへの対処以外は、プラスアルファつまり、「できるのなら強み」くらいのものだとも言えます。

極論すれば、二盗、三盗されたとしても、もうそこで行き止まりです。あとはバッターを三振に打ち取りさえすれば失点は防げます。

マウンドでの立ち居振る舞いがオドオドしてしまうとか、クイックモーションでまったく自分の良さを失ってしまうくらいなら、それくらい開き直ってしまえばいいと思います。

ボールに圧倒的な力があれば、それだけで総合力を大きく押し上げるので、あとはさらなる強みとしてコツコツと少しずつ積み上げていって、最終的に「鬼に金棒」にすればいいのだと思います。

「文句なし」でも上がれなかった選手

一軍のピッチャーとして定着を目指している投手は多いのですが、阿知羅拓馬もそのひとりです。

高校から社会人を経て6年目。そう言うと、もうチームの中心にいてもいい歳まわりだと感じるかもしれません。

でも、まだ26、27歳の年齢であり、これから着実に伸びていけばいい年齢です。

これまでドラゴンズでは苦労してきました。

入団から2年間は一軍登板なし。

3年目となる2016年、ウェスタンリーグで7勝、防御率1・51の好成績で優秀選手として表彰されました。初めて一軍の試合でも投げ、中継ぎで13試合、防御率2・51の好成績も残しました。

翌2017年もファームでは防御率2・10を記録し、最優秀防御率投手と勝率1位で2年連続の優秀選手に選ばれました。

しかし、一軍の登板は激減し、わずか4試合にとどまりました。

この年、二軍での投球内容は文句なしでした。ずっと良かったのです。練習には危機感を持って取り組んでいました。二年連続でのファーム表彰は、力がなければできることではありません。

それでもなかなか一軍からはお呼びがかからなかったのはなぜか。タイミングや運もありますが、何か一軍の首脳陣にマイナスの印象を与えてしまったようで、そのイメージをなかなか覆すことができませんでした。

さらに、2018年は一軍登板ゼロに終わり、安定していた二軍での成績まで崩れてしまいました。

私はピッチングは専門外ですが、自分で悪いほうへ持っていってしまったのが見ていてわかるくらいでした。その前の年までのある程度完成されていた投球フォームが変わっていた。変えたのか、体がうまく使えなくなったのか、どうなのか……。

ヒザが折れてしまい、ボールに力が乗らない。ずっと強いボールを投げていたのに、明らかに弱くなり、変化球も緩くなっていました。

なんでこんな風に変えてしまったのか、どうしたんだ……阿知羅の投球内容は、そう問いかけたくなるようなものでした。

でもそれは、阿知羅なりに考えて取り組んだ結果だったのでしょう。

二軍で良くても一軍に上げてもらえない現実を前に、何かを変えなければいけないという焦りがあったのだと思います。完全に悪循環にはまっていました。

どうしようもなかった年があり、切羽詰まった状況で2019年を迎えました。

前年秋から、原点に戻って、ボールを上から強く叩くことからやり直しました。復調の兆しは感じられたものの、二軍戦での結果は、良かったり悪かったりと安定しないものでした。

一軍で別人に変貌することもある

一時、挫折しそうなときもありましたが、なんとか盛り返して、良くなるのか、悪くなるのかの瀬戸際で苦労していました。

ただ、結果はともかく、内容的にはまだまだ不十分であり、実は二軍のコーチングスタッフの間では私を含めて、「現在の阿知羅の状態はあまり良くない」という見方で一致していました。

ここまで苦労してきた阿知羅だから、万全の状態で一軍に送り出して、結果をつかんでほしいという気持ちもありました。

ところが、さまざまな理由で、阿知羅のほかに昇格候補の投手がたまたまいないタイミングが訪れました。

調子が良いときには呼ばれず、そうでないときに昇格する。現実の厳しさを感じざるを得ませんでしたが、「なんとか頑張ってこいよ」という心境でした。

２０１９年4月29日、ナゴヤドームのタイガース戦。阿知羅は6回を投げて1失点の好投を見せました。内容的にも二軍戦とは打って変わって、力のあるボールをコントロールよく投げ込んでいました。

「おまえ、こんなピッチングができるじゃないか！」と思わずテレビの放送を見ながら大きな声を出してしまいました。それくらいのいい投球でした。

不思議なことですが、このパターンも結構あるのです。二軍戦の内容としては、それほど良くない、むしろ悪いというものなのに、チーム状況もあってどうしても一軍に上げたいということになる。

仕方なく上げてみたら、それまでの二軍戦とはまったく別人のように素晴らしい投球内容を見せるという……。

できるのなら最初からやりなさい！　と言いたくなるのですが、二軍にいてはできないことなのかもしれません。

「試合といっても二軍戦。良くても悪くても大勢に影響なし」という現実に直面してしまうと、心が動かなくなり、体が燃えなくなるかもしれません。

逆に、二軍戦での内容が悪かったのを自覚しているからこそ、一軍戦でのチャレンジでは、今のままの自分では絶対にやられるという危機感によって、火事場の馬鹿力が出るのかもしれません。

こういうことがあると、人間というものを勉強させてもらっていると痛感します。固定観念にとらわれるのではなく、さまざまな可能性を想定して見ていかないといけないのだなと思います。

そういう意味では、こうした経験が私自身の「引き出し」をまたひとつ増やしてくれました。二軍戦の状態でしか判断の材料はないのですが、それだけで判断することもできないとわかったのです。

ともかく、状態がいいというわけでもない中で、立派な結果を出せたのは、阿知羅の気持ちしかないでしょう。それも含めて阿知羅本人が時間をかけて培ってきた実力を発揮できたのだと思います。

翌週5月5日、こどもの日。ナゴヤドームのスワローズ戦。先発した阿知羅は、5回を投げて2失点。味方の援護に恵まれて、プロ6年目にしてうれしい初勝利となりました。

最後は追い上げられる試合展開となり、1点差で逃げ切るという、薄氷を踏むような試合でした。

リリーフ陣に託すしかない阿知羅の心境が痛いほど伝わってきました。

なんとか一軍にしがみついていってほしいと願っていたのですが、合計6試合先発し、防御率は6点台にまで下降した7月半ばで一軍登録抹消となりました。

しかし、苦しい状況下でも腐らずやってきて、決して状態が良くない中でも一軍で結果を残した今年前半の経験は、阿知羅にとって大きなものになるはずです。

また意識を変えてしっかり二軍戦に臨み、すぐにまた一軍登板をつかみとってほしい。今度は絶好調で。

反応タイプの違いと場慣れの功罪

阿知羅のケースを、別の角度から見ていきたいと思います。

人間の体は、今自分が置かれている状況に応じて反応が変わります。一軍の公式戦で自打球や死球で足を負傷しても、なんとかそのまま打席も終えて、守備にもついていたのに、試合終了の瞬間から一歩も歩けなくなるということがあります。

文明人には文字どおりの「生きるか死ぬか」という局面はそうそうやってこないのですが、自然界に生きていた時代は天敵に襲われるなど、生きるか死ぬかという状況が頻繁にあったはずです。

そのときに体が少々痛むからといって、動けなくなってしまっては死ぬしかありません。こんなとき、逃走あるいは闘争を助けるために、体は「ストレス反応」を起こして、このピンチを切り抜けようとします。

具体的には心臓の鼓動が速くなり、呼吸が荒くなります。全身の血流を大きくして運動性能を高めるとともに、脳に大量の酸素を送り込み、一瞬の判断を冷静にできるように助けます。

手足がすべらないように汗をかき、視覚的な情報を増やすために瞳孔が開きます。一瞬の爆発力を強めるために筋肉が緊張する。副腎皮質ホルモンの分泌で痛みを忘れ、アドレナリンを分泌することで、勇気が湧き、集中力がアップします。

試合中に怪我の痛みを感じにくくなり、痛みにめげることなく戦い続けることができるのは、このストレス反応によるところが大きいのです。

いくら一軍の試合だからといって、命までは取られませんが、子供の頃からプロ野球選手になって活躍することを目標に生きてきた選手たちにとって、一軍の試合というのは「生きるか死ぬか」の戦いに等しいものです。体はその状況を正しくとらえて、生死の瀬戸際と同じ反応をするのです。

プロ野球で信じられないスーパープレーが飛び出したり、白熱の名勝負が生まれたりするのは、ピンチやチャンスの局面に、選手たちの体が反応して、普段より高いレベルのプレーができるからです。

練習ではいまひとつピリッとしないのに、試合になると集中力の高いプレーをするタイプの選手がいます。

二軍ではあまりいい成績が残せていないのに、一軍に上げると突如として素晴らしい成績をあげる選手がいます。

これは、決して楽な場面だからとサボっているわけではなく、特質として体がそういう反応をするタイプなのでしょう。

だから、二軍でのパフォーマンスだけを見て、「このレベルではまだまだ一軍は無理だ」と決めつけることはできません。

先の阿知羅の例はこれに当てはまります。

その一方で、ストレス反応に弱いタイプの人もいます。現代人はこちらのほうが多いようです。緊張感によって普段どおりのプレーができなくなる、あるいはそういう意識が強くなります。

このタイプは、緊張する場面を多く経験することによって、これが「生きるか死ぬか」の場面ではないことを認識することにより、リラックスして普段どおりのプレーができるようになります。

だから、場に慣れるということは、緊張型の選手にとっては重要であり、興奮型の選手にとっては、必ずしもプラスに作用しない傾向があるということです。

一軍に上げたり、二軍に下げたりというのは、タイミングも重要ですが、選手ひとりひとりの性格や、体の反応タイプなどが関係するため、正解のないパズルであると言えるでしょう。

2019年2月、春季キャンプでネット越しに根尾のフリー打撃をチェックする
著者(写真:日刊スポーツ新聞社／朝日新聞社)

第四章　一軍定着を目指して

ついにブレイクした高橋周平

２０１９年7月半ば、今季からキャプテンとなり、チームを引っ張ってきた高橋周平が戦線を離れました。

右手小指の靭帯断裂――。

長期離脱は避けられないかと思われましたが、手術ではなく保存療法を選び、8月中旬に一軍に戻ることができました。

負傷前の成績は、全82試合に出場、「積極的休養」の1試合を除いた81試合でサードのスターティングメンバーを務めました。

打率は常に首位打者争いのレベルをキープし、・３１９、５番打者としての出場が多く打点は48と勝負強さを発揮していました。

なぜ今季、周平が大ブレイクしたのか――そういった論点をよく目にしました。たしかに今季、ここまでの活躍を予想していた人はあまりいなかったかもしれません。まさに、「大ブレイク」という言葉がふさわしいと思います。

しかし、その一方で周平の活躍は着実にステップアップしてきたものが、ひとつの形になった「必然」である、まるで何かの拍子に偶然現れたもののように扱わないでほしいという気持ちにもなっています。

2年前までは悩んでいた

２０１７年までの周平は、不調にはまりこんだり、怪我に悩まされたりしながら、一軍と二軍の間を上がったり下がったりする選手でした。

もともと持っている能力、センスというものが非常に高いのに、試合でうまく表現できていませんでした。肉体的にも精神的にも噛み合っていない状態だったと言っていいでしょう。

本書で一貫して言っていることですが、足元がふらふらしている状態では、何かをやろうと思ってもうまくいきません。

その状態であれこれ悩んでも仕方がないのです。

というより、本当はあれこれ悩む意味もないのです。悩むまでもなく、答えは「まだ土台が弱い」だけであり、それを解決しないことには、ほかにいろいろと仮設を立ててもそれが正しいかどうか確かめることができません。

それは短期間で判断できないものでもあります。

しっかりと下半身を使ったスイングができているかどうかは、見た目でわかります。しかし、それが安定して継続できるかどうかは「耐久テスト」をしてみないとわかりません。

ルーキーであれば、高卒だろうが、大卒だろうが、社会人出身だろうが、基本的にプロに求められる足腰レベルは「ない」と考えるほうが私は自然だと思っています。

もちろん例外もありますし、やりながらできてくるという人もいるにはいますが、極めて少数派です。

このスタミナがない土台の上に、いろいろな技術を乗せようとしても、結果が一定しないのは当然のことです。

多くの場合、この段階でたとえば技術的にどうであるとか、精神的にどうであるとか、意味のない「迷い」や「悩み」を抱え込んでしまい、それによって状況を余計にややこしくして、こじらせてしまうということがよくあります。

そういうことは、子供の頃から野球をやっていればわかりそうなことです。いや、ひょっとすると、わかってはいるのに、おろそかにしがちなのだろうと思います。

下半身を強化する、体幹を鍛えるというのは、コツコツと積み重ねないといけないことです。

地味で面白くないことを継続して、初めてできるものです。それを頑張った人、ずっと頑張れる人が、ゆくゆくは迷いも悩みもなく、打撃技術を向上させていくことができるのは間違いありません。

周平も、その段階で悩みを抱え込んでしまったのではないかと思います。

結果を出さなくてはいけないというプレッシャーもあっただろうし、周りからの期待に応えられていないと自分を責める気持ちもあったと思います。

ドラフト1位の選手というだけで野球のことをよく知らない人からも高い期待値をかけられたでしょう。

また、結果が出ていなくても優先的に使ってもらえるという本来なら喜ぶべきことでさえ、やりづらさに感じていたのではないでしょうか。

ただ、それはもう自分の能力のおかげで背負うことができた宿命でもあるので、乗り越えていかなくてはいけないものです。

不安定な土台の上で地に足がつかぬまま、暗闇の中を懸命にもがいているようなもの。目の前もぼんやりとして、何と戦っているのかさえわからず、モヤモヤするばかりに見えました。

適切な努力を継続して土台が強くなりさえすれば、あるとき抜け出せることだったのですが、その時点ではなかなかそうは思えなかったのだと思います。

いろんな人が、いろんな角度からアドバイスをしてくれても、何も頭の中に入っていかない様子でした。

普通であれば、そのアドバイスを噛みくだいて、自分の言葉に置き換えて、練習の中で体現できるようにするものだが、とてもそういうことができる状況にありませんでした。一昨年までの周平にはそういう弱い部分が出ていたのでした。

でも、その間、何もしていなかったわけではありません。鍛錬を続け、一軍・二軍の試合に出て、足りないところを補おうと努力を重ねていました。

ドライチ選手に訪れた転機

転機となったのは2018年でしょう。首脳陣が一軍の試合で育てていかなければいけないと判断をして、多少のことは我慢して周平を使っていこうという覚悟がありました。これが大きかった。

そして、足を使うセカンドというポジションに取り組む中で、足腰で地面を踏ん張る感覚が自分のものになったのではないか思います。

サードだと、強い当たりが一瞬にして飛んできます。それは、反応だけの勝負と言っていいでしょう。

だから、足を使って打球を追うということが少ないのですが、セカンドだと左は一二塁間の打球、右は二遊間の打球と、しっかり足を使って動かなければなりません。

それに、ダブルプレーもあれば、ベースカバーや中継プレーもあるため、運動量が格段に増えました。

大変なポジションをやるというのは気を張っていなければできませんし、必死さが戻ってきたのも伝わってきました。

2019年はサードを守っていましたが、前年にセカンドをやって下半身が使えるようになったことが生きています。

2018年のシーズン、周平の打撃成績は、打率・254と決して満足のいくものではなかったと思いますが、1年間、大変な二塁というポジションで128試合に出場し、初めて規定打席に到達しました。

打点69、ホームラン11本という数字は、「ある程度の成績を残した」というのに十分だったと言えます。

足踏みしていたように見えて、着実に経験を積み、それが少しずつ中身を満たしていったことを証明したのが昨シーズンの成績でした。

その結果として、心と体が噛み合ってくる回数が少しずつ増えてきて、思ったとおりに近いプレーができるようになってきました。

小さく芽生えた自信がどんどん大きくなり、目の前を覆っていたモヤモヤが晴れて迷いがなくなってきたような感じでしょうか。

とにかく、1年間通してやれた自信というのは非常に大きい。繰り返し言っている「芯の強さ」とは、端的に言ってしまえば、「一軍のレギュラーとして1年間出場できる心と体のスタミナ」ということです。

それが身についたことが身をもって実感できた。自分のことを信頼できるようになり、さらに他者の目も周平を信頼してくれるようになりました。それが「周平にキャプテンを任せよう」という動きになったのでした。

これらの要素がすべていいほうに作用して、好循環になっていきました。

環境の変化が相乗効果を生み出す

そして迎えた2019年、試合に出場し続けられるという自信は揺るぎません。

これは一軍にいて見ていたわけではないので類推になりますが、監督が代わり、ポジションが代わり、キャプテンになり……と、環境が変わったことも、キャンプからずっといい刺激を与えた要因になったのでしょう。

春先はあまり調子が良くなかったようでしたが、表情に自信のなさが顔を出すことはありませんでした。

かつての周平のように、「落ちたらどうしよう」というネガティブな考えに支配されることがまったくなく、「大丈夫だ。落ちない。やれる」という強い気持ちに変わってきたのだと思います。

何か自分の進む方向性に対して、間違っていないという確信を持てたように見えました。だいぶ結果が出るようになったと思っていたら、一気に上昇して試合を決めるバッティングをたびたび見せてくれました。

過去の周平には考えすぎる傾向がありました。実際、バッティングは細かいことを気にしだしたら、チェック項目がいくつあっても足りません。

今の周平は、そういうことではなくて、違うレベルで微調整できるようになっています。

打撃技術的に18年と19年を比較すると、あまりボールに寄っていかなくなったというのが最も大きいのではないかと思います。

18年はまだ、頭や上体がボールを見に行っていて、距離が取れない状態だったのですが、今年は間合いがとれるようになってきたのが見てとれます。

「スランプのこじらせ方」に多いパターン

バッティングというのはつくづく難しいものなのですが、私が思うに、この「間合い」というのが一番難しいことだと思っています。

スイングというもの自体は、それほど変わるものではないのです。もう、子供の頃からずっとやってきているわけですから。

だから、スイングの形自体が崩れているというよりも、間合い、つまりタイミングが取れなくて、そのせいで思った形でスイングできず、結果的に形が崩れてしまっているということが多いのです。

ところが、それを「スイングの形がおかしい」と認識してしまうと、面倒なことになってしまいます。

さあ、崩れたスイングを直そうとか、ちょっと変えたほうがいいと言われたりすると、実は「タイミングの問題」だったのに、原因とは関係ない方向へ向かって混乱が始まってしまいます。

元の形がわからなくなって、どうしていいかわからなくなってしまうという、「スランプのこじらせ方」が意外と多いのです。

そうではなくて、タイミングさえ合えば、自分のいいスイングができる。ただし、相手のピッチャーは、そのタイミングが合わないように、間合いが取れないように、あの手この手で、スイングの形を崩してやろうと意識して投げてくるわけです。

それに対してどうやって、対応できるようになるか。難しいのはそれ。極論してしまうと、バッティングというのはそれだけなのです。

ただ、そこにまた、いろいろな方法論があるわけです。前足を上げるか、すり足にするかとか、ミートポイントを前に置くか、引き寄せるかとか……。

それぞれ個人によって向き不向きもありますし、合う、合わないもあります。それらもまた正解があるようで、正解のないパズルのようなものです。

周平は、堂々と首位打者争いに名乗りを上げ、勝利に貢献する殊勲打を何本も打っているのですから、もう迷いの壁をぶち壊したと言っていいと思います。そして、次にまた壁にぶち当たったときには、今までとは違った対処ができるのではないかと思います。

人によってはホームランが少ないというようなことを言うかもしれませんが、それもまた段階のことだと思います。二塁打は多いわけですから、しっかりと強い打球は打てているということです。

なんでもかんでもいっぺんにはできません。今はまずこの状態を完全に自分のものにすること。

それができたら、じゃあ次は何で、その次はどうすると、しっかり考えてから、ものごとを進めていけばいいのではないでしょうか。

これまでの周平と同じように、ひとつひとつクリアしていけばいいですし、急がないように、急がせないようにしてほしいと思います。

まだ高卒8年目、25歳、26歳という年齢なのだから。

自分のことを思うと、私の場合は24歳の年にプロに入って、3年目、26歳の年にファーストとして試合に出られるようになりました。

周平のほうが私より1年先に進んでいます。

大きく遠回りしたように感じられる周平ですが、まったく遅くもありませんし、ある意味では順調に活躍の軌道に乗ることができたと言えます。

つまり、まだまだこれからいくらでも伸びることができる選手だということが言いたいのです。

一軍を見据えた状態のキープ

ナゴヤ球場をはじめ、各球団のファーム球場には熱心なファンの方がたくさんきてくださいます。

球場によってはまれにナイターもありますが、多くは日中、しかも日盛りの真っ昼間に試合開始ですから、真夏の炎天下は大変だと思います。

そう思うと、やっぱり勝ち試合を観ていただきたいと思います。試合というのは勝ち負けを決めるもので、優勝を争うリーグ戦なのですから。

でも、そう思う半面で、あくまでも一軍を支援するためのものであり、勝ち負けの価値はその次のものであるという事実もあります。試合のようで試合ではない、試合形式の練習、調整だったりするのです。

それは、若手の「強化指定選手」だけに限った話ではなく、「一軍準備選手」でもよくあることです。

代打専門の打者であれば話は比較的簡単で、試合展開の中で一軍で代打として出されるのと同じような場面で起用していけばいいことです。

ただし、リハビリ明けなどで早く実戦感覚を取り戻したいということであれば、スターティングメンバーで使って打席を多く確保します。

その場合は、試合展開上バントが必要であっても、自由に打たせることが多くなります。二軍戦の勝負より、一軍で活躍してほしいその選手の調整を優先するためです。とくに19年の序盤は、不調や怪我の選手が多く、一軍のスターティングメンバーがなかなか定まらない状況がありました。

また、枠の問題で、外国人選手も二軍で待機、調整していました。

一軍でいつどんな時にそれらの選手が必要になるかわからないので、二軍戦に出場させて状態をキープしておく必要があります。怪我から回復してきた選手も優先順位が上位なのは一緒です。

そういう選手たちでごった返していると、二軍にはちょっとした「渋滞」が発生します。そんな中でも、育成していくべき強化指定選手は積極的に出場させたくもあり、そのやりくりが大変になります。

出場できる試合には限りがあり、出したい選手があふれる状況だと、1イニングも無駄にできません。

チャレンジさせて体験させたい局面もあります。そんな葛藤が毎試合あり、正解もなければ、縁《ふち》もないジグソーパズルに取り組んでいます。

そうは言っても、一軍のニーズを満たすという大原則がありますので、だいたいのパズルの解き方は決まっているとも言えます。そうなると、試合の勝利が脇に置かれてしまうわけで、観客の皆さんにはストレスになるかもしれません。

ただし、この渋滞は一時的なものであることが多いです。

一軍準備選手が一軍に上がっていて、一、二軍の入れ替えが少ない状況だと、二軍の渋滞は解消され、若手メイン、育成メインの「通常運転」になります。

ただ、「渋滞」は怪我の選手が増えたときにも起きる現象なので、その場合は決して喜ばしいことではありません。

二軍戦の勝利ということに話を戻しますと、投手も育成、打者も育成ということになると、なかなか試合自体はうまく運ばずに、観ている方にとってはイライラする展開になりがちです。

私たちも同じなのですが、そこは先を考えて、それが若い選手たちの成長の糧になると思って我慢してやっているということも、頭の片隅に置いていただければと思います。

一軍と二軍のプレッシャーは段違い

一軍の試合と二軍の試合はまったく別ものです。プレッシャーのかかり方もまるっきり違います。

一軍であろうと二軍であろうと、そこに置かれている選手にとっては、どちらも自分の野球人生にとって同じように重要なのですが、一軍戦の重圧のかかり方はそんな生易しいものではありません。

あえて言うなら、一軍の試合には多くの人の生活と運命がかかっていて、もし自分のせいで負けたりしたら、それはもう取り返しのつかないものだと感じるのです。

それを思えば、二軍戦でどんなに失敗したって、自分の立場が多少悪くなるくらいで、たいしたことはないと思えてきます（あくまで一軍と比べての話です）。

やっている競技そのものは同じもののはずなのに、その一瞬に必要となるエネルギーもぜんぜん違います。疲れ方がまったく違うのです。

実際、過去に私が見た中でも、衝撃的な出来事がいくつもあります。

二軍戦で好調だったあるピッチャーが一軍に昇格し、登板するチャンスをもらいました。しかし、残念ながら思うような投球ができずノックアウトされてしまいました。ここまではよくある話です。

再び一軍登録抹消され、二軍に戻ってきた彼は、当然ながらとことん落ち込んでいました。

3日たっても、5日たっても、気持ちが戻ってきません。つい最近まで二軍で無敵のピッチングを見せていたときの彼のオーラはどこへ行ってしまったのか、戻ってこないのです。

再びピッチング練習を始めても、立ち居振る舞いからボールの質、打者への攻める姿勢まで、まるで別人になってしまっています。聞けば、ずっとルーティーンとして続けていたはずのトレーニングもやっていないといいます。

結局、気持ちを入れ替えて取り組めるようになるまで、3週間くらいもそんな調子が続いたのでした。

ここまでの例は珍しいとは思いますが、性格やタイミング、状況によっては、これほどまでにショックを与えてしまうことがあるのだと、改めて肝に銘じました。

練習でも空回りしてしまうことがある

また、こんな話もありました。キャンプ、オープン戦、交流戦やオールスターゲームなどが終わった頃などの一軍練習に、二軍から何人か練習に参加させて、いわばテストのようなものを行うことがあります。二軍で牙を研いできた選手にとっては大きなチャンスです。

その投手もチャンスをつかもうと張り切って一軍練習に参加したのですが、意気込みが空回りしてしまったのか、あまりにも意気込み過ぎてしまったのか、いつもイヤというほどやっている、ブルペンでの投球練習でまったく我を忘れてしまい、ストライクがまったく入らないのです。

しばらく見ていた一軍のコーチは呆れ顔で、「もう帰れ」と通告します。まあ、実戦形式の練習でもない、基本中の基本の練習で自分がコントロールできないのでは話にならないと考えるのは当然のことです。ほかにも候補者はいるのですから。

これなどは、一軍への思いが強くなりすぎて、いつもどおりのことができなくなってしまったのだろうと思います。

この失態で、この投手はしばらくの間、二軍戦でいくらいい結果を出しても一軍に呼ばれることはありませんでした。

逆に二軍の試合に数多く出ていて、何か慣れきってしまったかのように「それなり」の成績に安住していた野手が、一軍で「お試し」の1打席を与えられてヒットを打ち、いつもの二軍でのありきたりな打席内容からは想像がつかないようなブレークを成し遂げるというケースもあります。

一軍と二軍との間にある高くて分厚い壁によって、多くの選手が野球人生を左右されている事実があります。

たしかに一軍レベルの投手と、二軍レベルの投手を平均値で比較すれば、ボールの力も、コントロールにも差があります。

しかし、一軍常連のバッターが二軍戦に出て、必ず高打率で打てるかといえばそうとも限りません。

登板間隔調整のために、一軍のローテーション投手が二軍戦で投げれば、必ず抑えられるかというと、それもそうとも限りません。

実際の実力差よりも、心の中にある「一軍」の存在感のほうがパフォーマンスに影響を与えているのかもしれません。

だからこそ、それぞれに違う「一軍挑戦に適したタイミング」を見誤らず、いつもどおりの自分を思いっきり出せるようにしてあげたいと思っています。

声の掛け方や、雰囲気作りもとても大切になるのです。

一軍コーチと二軍コーチの連携

これまでも述べてきたとおり、二軍は一軍のためにあります。だから、一軍と二軍が常に連携を取っていることは、二軍の機能を高めて、意味あるものにするために必要不可欠です。

ドラゴンズがどうという話ではなく、ごく一般論として、二軍の選手を昇格させたり、一軍から二軍へと降格させたりする場合、最終決裁は一軍の監督が行います。

それに至るまではヘッドコーチや担当コーチとの意見交換があるのが普通でしょう。むしろ、担当コーチからの提案を了承するという形が多いと思います。

二軍選手の一軍昇格に関しては、二軍のコーチングスタッフからの情報も相当参考にしているはずです。

これもあくまでも一般論ですが、情報のやりとりには、いろいろなパターンがあると思います。一軍監督と二軍監督、一軍ヘッドコーチと二軍監督といった「ホットライン」で行われることもあるでしょう。

基本になるのは、担当コーチ同士の情報共有です。現在の二軍の選手の調子、一軍で近々必要になりそうなのはどういうタイプの選手か、といった情報をお互いに把握しておけば、準備を進めやすくなります。

ちなみにドラゴンズの場合ですが、一軍の監督・コーチが、シーズン中に二軍戦を視察のためにナゴヤ球場を訪れることはあまりありません。

昼はナゴヤ球場、夜はナゴヤドームという「親子ゲーム」の日はもちろんあるのですが、二軍戦は12時30分試合開始、一軍では選手によっては13時30分くらいから練習を始めるので、コーチ陣も時間のやりくりが難しいのです。

むしろビジターチームは練習開始時間が遅く、相手チームの一軍首脳がナゴヤ球場に来ることのほうが多いようです。

怪我との戦いが続く選手

すでにある程度安定した実力に達していて、十分に一軍に定着できるはずなのに、実際はそうなっていないのが井領雅貴です。高校卒業後、社会人で7シーズンを過ごしてから2014年にドラフトされて、2019年が5年目。年齢的にも30手前まで来ているだけに、本人も危機感を強く持って臨んでいます。

これまで一軍に定着できなかった理由は、大事なときに怪我をしてしまったから。秋季キャンプで怪我をして、春のキャンプが二軍スタートとなって出遅れるとか、シーズン中に二軍で調子が良く、入れ替えのチャンスを待っていたところで怪我をしたとか、そういうことが多かったのです。

なんとか避けられなかったのかという思いがある半面、決して不注意などではなかったのだろうとも思います。

なんでも不器用なほど一生懸命やる、練習も愚直にやるし、ベンチでも一生懸命声を出す選手。

18年は両足の靱帯を部分断裂し一軍出場なしに終わってしまいました。めぐり合わせの悪さを感じていたのですが、それが19年に関して言えば、前年の秋季キャンプから、春のキャンプも乗り切りました。風疹にかかったりもしましたが、一軍に戻ってまずまずの成績を残していました。

なんとかしがみついて、私の顔を見ることなく、シーズンを終えられるようにと思っていたのですが、8月上旬、脇腹を痛めて登録抹消となってしまいました。しっかり治して、また一軍に戻れるよう、元気を出してほしいと思います。

逆境で力を発揮できるマインド

離脱する前の話になりますが、井領の場合、ずっと一軍にいることによって、心の余裕が少しずつ出てきた点も見逃せません。

本人としてはまだ余裕と言えるほどのものではないとは思いますが、一軍という同じ環境に常にいて、同じリズムで過ごす中で、新たに見えるものが出てきているのではないか、というのを感じました。

代打として絶好のチャンスで使ってもらったりすると、満足感を刺激され、それがやりがいになり、これまで以上に高いテンションでプレーできていたのではないかと想像します。

それ以前のことを考えると、やはり、「ここで失敗すると落とされる」という、自分で自分を追い込むような思考があったように思います。

普通のプレー中に感じるプレッシャーであればともかく、それとは違う種類の重圧を感じると、悪循環に陥りがちなのです。

「それってどこを向いているのだ？」という話で、集中力が散漫になっています。

ただ、野球選手というのは、いつでも競争にさらされている、とてもつらい職業であるというのも事実です。

誰もが、多かれ少なかれ、「失敗したら今いる場所を失う」という恐怖とともにプレーをしています。

とても難しいことではありますが、「結果によっては落とされる」ということに意識を向けるのではなく、「自分が望む結果を出すんだ」という方向に集中力を持っていかなければいけません。

それが逆に「失敗したらどうしよう」「落とされる」といったネガティブな思考に集中力を奪われると、吸い込まれるように考えたとおりの悪い結果に終わります。それはまるで、悪い結果に向かって集中力を使っているようなものです。

そうなる前に一瞬でも開き直って、割り切って、「ダメでもなんでもいい。思い切ってやろう」という心境になればいいのです。

「悪い連想」を引きずったまま、心境を切り替えることなく打席に入ったり、マウンドに登ったりしても、なかなかいい結果にたどり着くことはできません。

これは選手たちの表情を見ていても、話を聞いてみても伝わってきますし、私も長年の経験の中で確信しています。

ピンチの状況で投手コーチがタイムをかけて、ブレークタイムを作るのは、この心境の切り替えを作るためです。

もし、こういう状況に自分がいると自覚できたら、自分自身を解き放ち、心境を切り替えられるように、自分に言い聞かせるようなアクションが必要です。

あれだけ練習してきたのだから、もしもダメだったとしてもしょうがない、とにかくいくだけいってみようと自分を奮い立たせるのです。

そして何より、そうやって自分で納得できるだけの努力を積み上げることこそ大切なのだと思います。

こうした修羅場の体験を繰り返すことで、逆境でも、いや逆境でこそ、ポジティブになれる余裕と自信が身に着くのです。

コンディション調整が重要な投手たち

２０１８年、ドラゴンズでセーブを記録した投手は、田島慎二が15、佐藤優が5、鈴木博志が4、岩瀬仁紀が3、ロドリゲスが1でした。

２０１９年は開幕から5月までは鈴木博志、以後はR・マルティネスがクローザーを務めました。マルティネスが国際大会出場のため離脱している間は、岡田俊哉が代わりにクローザーを務め、セーブを重ねました。

この2年でクローザー役を務めた6人（引退した岩瀬は除く）は、２０１９年シーズンにおいて、全員が一度は一軍登録抹消を経験しているという現状があります。

なんとか早く絶対的なクローザーを確立したいところではありますが、強靭な肉体を持つ守護神という理想はなかなか遠いというのが実情です。

高卒10年目の岡田俊哉は、職業病とも言える血行障害で悩んできました。寒い時期が苦手ですが、気温が上がるにつれて調子も上がってきます。

高卒3年目の藤嶋健人も同じく血行障害に見舞われ、手術を行いました。２０１８年に先発投手として3勝しましたが、リハビリから復帰後は、勝ちパターンのリリーフに食い込んで活躍しています。

高校、社会人を経て2年目の鈴木博志は、独特のスピンがかかった豪速球を投げるパワーピッチャー。

打ちにくいボールを持っているので一軍から必要とされることが多いのですが、まだまだプロに必要な体の強さには達しておらず、体幹と足腰をさらに強化し、芯の強さを身につけることを課題として取り組んでいます。

大卒4年目の佐藤優は、起用法に悩むピッチャーです。ルーキーイヤーは、先発でいくことになり、初登板初先発で初勝利。その後はリリーフに回り、18年は勝ちパターンのリリーフから、クローザーまでやりました。

19季は開幕一軍でスタートしたものの、軽度のコンディション不良のため4月下旬に一軍登録を抹消されました。状態が上がれば、再び勝ちパターンの継投に食い込めるだけの力はあります。

こう考えると、不安定なところはあるものの、19年シーズンは登板が多かった谷元圭介、祖父江大輔、福敬登、又吉克樹らに外国人投手たちなど、タレントは豊富でした。コンディションを整えて、激しい競争を繰り広げればかなり充実したブルペンになるのではないかと思います。

好調でも一軍のニーズに合わなければ昇格できない

遠藤一星は大学を経て社会人で4年ののち、２０１４年ドラフトで指名されました。安定した実力はあるのですが、なかなかチャンスに割って入ることができませんでした。一軍に定着できず、一軍と二軍を上がったり下がったりする「エレベーター選手」でした。

それに加えて、二軍でしっかり結果を出していて、私たち二軍関係者が自信を持って送り出せる状況にありました。

しかし、一軍の選手構成との兼ね合いで声がかからなかったり、あるいは同じポジシヨンでも違うタイプの選手を求められて、上がることができなかったりということがありました。それは、不運なものを感じるほどでした。

「オールドルーキー」で入ってきているだけに、心の中は穏やかではなかったと思います。彼も、内面には激しいものを持っていますから。

しかし、野球にはこういうことはよくあります。二軍だけを見ていれば、今一番調子がいいのは誰の目にも明らかに遠藤であったとしも、現在の一軍のニーズに合わなければ声はかからないのです。

一軍の状況から言っても、そろそろではないかと思われるときもあるのですが、やはり動きがない……。それでも、自分で勝手に決めてはいけないのです。

決めるのはあくまでも一軍の首脳陣。声がかかるまでは我慢して、愚直にやっていかないといけない。

でも、それは本当に難しいことです。そうやっていても、バッティングには波があるので、調子のいいときに声がかからず、波が落ちてから一軍に呼ばれるということになったりしてしまいます。

当然のように結果が出ない。そういうことが起きてしまいます。

もちろん、二軍監督として思うところはあります。選手たちの努力する姿や結果を出している姿を見ているわけなので、なんとか「今」使ってほしいという気持ちには当然なります。

しかし、一軍の状況に合わせる、それが優先されるのは仕方のないことです。

せめて、好調な選手には、いつ呼ばれてもいいように、なんとかして好不調の波が小さくなるよう、できるだけ長く好調をキープできるようにしてあげるくらいしかありません。

19年は、枠がひとつ空いたところに、足、外野守備力、左打者、小技などの器用さを持つ遠藤がハマりました。必要とされた要素にポンと合致したのです。

まだ確実性に欠ける部分はあるのですが、ずっと一軍にいて、そのモヤモヤしていたものをモチベーションに変えて、なんとしてでも落ちないように頑張ってほしい。そんな目で見ています。

大野雄大の原点回帰

２０１５年に２００イニング以上（２０７・１回）を投げ、11勝10敗、防御率２・52、完投６、完封３という堂々たる成績でエースと呼ばれた大野雄大ですが、その後３年間の成績がだんだん悪くなり、２０１８年はついに未勝利のままシーズンを終えてしまいました。

まだ２０１９年は30歳、31歳という年齢で、ベテランの域にも入っていません。老け込む年齢ではありません。

投球に関する詳しいことは専門外なので語れませんが、対戦する打者の視点から言うと、「変わってない」と思います。

シーズン６完投し、勝ったり負けたりしながら２００イニングを投げ、「タフネス左腕」と呼ばれた２０１５年と、０勝に終わった２０１８年の投球フォームに何か大きな違いがあるかと言われれば、そんなに変わってないとしかいいようがない。

「迷路にはまり込む」というのは、誰もが経験することであり、プロ野球の世界ではいくらでもあることです。

迷路の入り口はいろいろなところにあります。たとえば、苦手な部分や課題を克服しようと試行錯誤する。あるいは、何か新しいテーマにチャレンジしてみる。そんなときにもリスクがあります。

人間は何もしないで現状維持しようとすると、自然に後退しているものですから、このような向上心を持つということは基本的には非常にいいことです。進歩している選手は誰もがこういう姿勢を持っていると言っていいでしょう。

しかし、変わろうとすることにはリスクがあるのも事実です。

ひとつには良かった部分が変わってしまい、悪くなってしまうこと。計画どおりにいかないときに、もとどおりにできればいいのですが、それができないと変えたことによって悪くなってしまうことになってしまいます。

もうひとつには、やはり思ったとおりの結果が得られなかったことにより、精神的な部分でショックを受け、冷静な判断力を失ってしまうことがあります。

そして、その両方が複合的に作用する場合もあるでしょう。

大野は基本的には勢いで抑えるパワーピッチャーです。強いストレートがあるから、スライダーが生きるというタイプの投手なのです。

先発投手として球種が多い方ではありませんし、繊細な制球力で抑えるタイプでもありません。

そういった中でベテランと呼ばれる時期を前に、何か新しいものを求めたのかもしれません。

しかし、思うような結果が得られなかったことが迷路の入り口だったような気がするのです。

その姿は、制球力をアップしなければいけない。結果を出さなければいけない……と、自分自身でプレッシャーをかけて、自分自身を追い込んでいるようでした。

そしてまた結果が悪いと、余計に重圧がかかっていきます。そしてまたコントロールが悪くなっていきます。その悪循環にもはまり込んでいきました。

それを、一旦全部リセットしました。まずは、しっかり強いボールを投げるという大野の原点に戻す。その一点に集中して、突破を図りました。

それがクリアできるようになったら、彼自身の許容範囲を多少拡げるようにしました。だいたいあのあたりにいっているからOK。スライダーはキレがあるからOK——といった調子で、自分への厳しい要求をすべて取り払った上で、段階的に甘い要求をクリアしていくように意識を変えました。

その結果、2019年は一軍の先発ローテーションに復帰し、過去最高だった2015年にも負けないような、いい投球内容を見せています。（編注：大野雄大は9月14日にノーヒットノーランを達成。最終的に19年の最優秀防御率のタイトルを獲得）それは、良くなったというより、もとに戻ったという感じがします。

大野にとってこの経験はとても大きかったと思います。

遠回りはしましたが、困ったときの戻し方を体得しました。これでパニックになることなく、自分の投球と向き合うことができるのではないかと思います。

これから、さらに円熟期に入っていくと、投手の場合はピッチングスタイルを変えざるを得ないケースもあり得るでしょう。その時に今回の経験がきっと大きく役に立つはずです。

スランプを脱出して、また一回り強くなって成長していく。見守る立場としては、それを願うばかりです。

松坂と吉見が若手に与える影響力

少し前まで、ドラゴンズはベテランが非常に多いチームでした。私が引退した2015年の9月21日時点の年齢で、35歳以上だった日本人選手は、上から山本昌さん（50）、谷繁元信さん（44）、和田一浩さん（43）、私（41）、岩瀬仁紀（40）、川上憲伸（40）、荒木雅博（38）、山井大介（37）、森野将彦（37）と、9人もいました。

19年シーズンはというと、山井大介（41）、松坂大輔（39）、藤井淳志（38）、吉見一起（35）、武山真吾（35）の5人だから、人数も違うし、年齢もずいぶんと違う。そして5人全員が、2019年の公式戦で一軍と二軍、どちらも出場しています。

石橋のところでも触れましたが、吉見はまさに若手のお手本です。

かつては最多勝2回を含む5年連続2ケタ勝利を記録しましたが、肘の手術以後は、体と相談しながらのピッチングになっています。

ボールの勢いこそ全盛期とは違いますが、精密なコントロールを武器にした投球術は、若いキャッチャーだけでなく、若いピッチャーにも生きた教材になっています。調整方法や練習方法、取り組む姿勢、技術的な知識など、惜しげなく伝えている姿を頼もしく見ています。

なかなか一軍に呼ばれなくても、腐らず、我慢して、自分にできるベストの調整をしています。チャンスは減っていますが、まだまだチームのために貢献できると思っています。

若い選手への影響力という意味では、松坂もそうです。

ただ、吉見とはまた違うあり方です。ピッチング自体は苦しい内容になることもあり、まずは自分のコンディショニングに集中しているところです。

それでも、あれだけの実績を残した伝説のピッチャーなので、練習のときにキャッチボールの相手をしてもらうだけでも、極論すれば、同じグラウンドに立っているというだけでも選手たちにとっては大きな刺激になっています。

付きっきりで見ているわけではありませんが、気づいたことは若手にアドバイスしてくれているようです。

「運も実力のうち」は正しいか

これまで何度か「運」「ツキ」という言葉を使ったと思いますが、勝負事というものはかなりの部分で運に左右されるのは間違いありません。

とくに一軍に昇格する、定着するということについては、運に影響されるケースが多いのです。

二軍での成績と昇格がリンクしないケースについては先にもいくつか述べましたが、昇格したあともまた運次第であることが多いと言えます。

キャッチャーにとっては、リードや盗塁阻止が評価の対象になりますが、バッテリーを組むピッチャー次第というところもあります。止められるワンバウンドは「ナイスブロック！」になりますが、あまりにも難易度の高いワンバウンドは止めるのが困難。しかし、そらしてしまうと「止められなかったか？」という目で見られるのです。なかなか不条理です。

先発ローテーションを組み替える必要があるときなどに、一時的に一軍の枠がひとつ余り、「とりあえず」中継ぎ投手なり、若手野手なりを数日間の予定で登録することがある。

中には、出場させるつもりはないが、とりあえず1日だけ一軍に上げるので見学してこいというケースもあったりします。

ところがそんな日に限って、試合がとんでもない大差になってしまって、「じゃあついでだから投げてこい」とか、「代打で出ろ」なんてことになったりします。

そこで何かのはずみで結果が出てしまったりすると、「おまえ、ラッキーだな」ということになり、一軍登録抹消になるのが別の人になってしまったりします。

こうなると、それはそれで「運も実力のうち」と言えるように思うのです。たとえ予定どおりに1日で抹消になったとしても、それがただの見学にしかならない人と、有効に活用できる人とでは大きな差になります。

あいさつでも、声でも、全力疾走でも、とにかく一軍の関係者に何か強い印象を残してくるとか、一軍の試合のすごさを頭に詰め込み、胸に刻んでくるとか、とにかくせっかくの貴重な体験をどれだけ活かせるかによって、その後一軍に定着できる選手になれるかどうかにかかわってくるものです。

運も実力のうちだと思います。

2016年11月、秋季キャンプで高橋周平にアドバイスをする著者(写真:日刊スポーツ新聞社／朝日新聞社)

おわりに――ファンの皆さんへ感謝をこめて

最後までお読みいただきありがとうございます。

この原稿を執筆しているのは酷暑が続いた２０１９年８月です。ちょうど東洋大から前年のドラフト2位で入団してきた梅津晃大が、プロ入り初先発、初勝利した日あたりです。

今シーズンのドラゴンズの最終成績がどうであったか、現時点では知る由もありませんが、ひとりでも多く一軍で活躍できる選手を送り込もうと、できるかぎりのことを続けています。その成果が現れてくれることを願うばかりです。

いま「執筆している」としましたが、ご想像のとおりこの本の内容は、私が口で語ったことを文章に起こしてもらい、それを原稿として再構成したものです。ですから、私自身が「執筆」したわけではありません。

ただ、私が話した内容であると最終確認していますので、私の『二軍監督奮闘記』であることは間違いありません。

すべて読んでいただいたあとに言うのもおかしいですが、「シーズン中に本を書く時間があるのか？」と疑問に感じた方もいるのではないかと思い、お伝えした次第です。

ご理解いただけたらと思います。


第一章の始めのほうで、ドラゴンズに入団し、2年プレーしたあとで引退し、そして二軍監督に就任したときのことを書きました。球団関係者の方々への感謝も述べたのですが、さらに感謝の気持ちを伝えたい方々がいます。

それは、私のことを温かく迎えてくださったドラゴンズファンの皆さんです。

「よく来てくれた」

「がんばってな」

たくさん声をかけていただきました。現役選手として、ドラゴンズファンの皆さんの期待に応えられたかはわかりませんが、当時の自分にできることを精一杯やったというのは胸を張って言うことができます。

大きな声援を送ってくださったことに、あらためてお礼を申し上げます。

本当にありがとうございました。


その後、現役を引退し、二軍監督になったあとも、ドラゴンズファンの皆さんから応援していただきました。

私はプロ野球で3球団に所属しましたが、ドラゴンズファンの熱さは独特だと思います。でも、上手く表現できません。

熱さはとてもあります。根っから大好きなのも伝わってきます。これは私の個人的な感覚にすぎないのかもしれませんが、ドラゴンズファンを表現するのに、「熱狂的」というのとは、なんとなく違うような気がします。その言葉から受ける大げさな感じはマッチしません。

ファンとか、好きとか、応援しているとか、それすらも合ってない気がします。

もっと家族的というか、日常的というか、生活の一部というか……。

それ以前に、ドラゴンズが当たり前のように「うちのもの」として、ずっとそこにある。当たり前のように親から子へ、子から孫へと受け継がれている。

中日ドラゴンズという野球チームは、親子で、家族で、地域で、「共有されている」のをとても強く感じるのです。


二軍戦を行っているナゴヤ球場にもたくさんのファンの方が観にきてくださいます。ときには厳しい声もありますが、たくさんの温かい声援をいただいています。選手たちにとっては、大きな励みに、張り合いになっています。

いつも、すごい場所だな。ありがたいなと思っています。


「将来の夢は？」

と、尋ねられて、「高校野球の監督」と答えるプロ野球関係者は、びっくりするほどたくさんいます。それだけ野球選手にとっての高校野球というものが青春の思い出であり、人生の原点なのだと思います。

その気持ちは理解できなくもないのですが、実際に二軍監督という仕事を経験した上で考えると、毎年選手が50人入ってきて50人が引退するとか、実際の在籍期間が2年と数カ月とか、その過酷な条件に恐れおののいてしまいます。


でも、どんなに大変な仕事であろうとも、歴代の名将が体力の限界までやり続けていたのを見ると、「何かがある」のだろうとは思います。一生を捧げても惜しくないと思える何かがなければ、あそこまでできるはずがありません。

そうだとは思いますが、私の夢はそこではなく、やっぱりプロ野球にあります。


純粋に、もっともっと指導者として成長すること。それが今の願いです。

かかわった選手たちが大きく羽ばたいて、一軍のスタジアムで大暴れしているところが見たいのです。

もっと視野を拡げて、もっとさまざまな角度から、アドバイスできるようになりたい。

ひとつに固執してしまうと、見えなくなってくる部分もあると思います。もっと自由自在に視点を変えられるだけの経験を積みたいと思っています。

まだまだ自分が経験していないことがたくさんあります。一軍での指導も経験していません。そういう意味ではまだまだ小さい存在でしかありません。

もっといろいろなことを勉強しなくてはいけません。

もしもそうした成長の先に、一軍での監督というものがあるのであれば、自分にできるのかどうかを真剣に検討して、受けると覚悟を決めるのであれば全力でやっていきたいと思います。それが、将来の夢です。

２０１９年８月　　小笠原道大

【付録】小笠原道大　現役時代の成績（通算）

出場試合	1992
打席	7801
打数	6828
得点	1126
安打	2120
本塁打	378
打点	1169
打率	.310
盗塁	63
犠打	2
犠飛	53
四球	867
死球	50
三振	1247
出塁率	.389

〈タイトル〉

首位打者：２回（2002、2003年）
本塁打王：１回（2006年）
打点王：１回（2006年）
最高出塁率：１回（2003年）
最多安打：２回（2000、2001年）

〈主な表彰〉

最優秀選手：２回（2006、2007年）
ベストナイン：７回（一塁手部門：1999、2001、2006年／三塁手部門：2003～2004年、2007年、2009年）
ゴールデングラブ賞：６回（一塁手部門：1999～2002年、2006年／三塁手部門：2003年）

（写真:朝日新聞社）

小笠原道大（おがさわら　みちひろ）

1973年千葉県生まれ。

暁星国際高からNTT関東を経て、96年ドラフト3位で日本ハムファイターズに入団。99年に「バントをしない二番打者」としてレギュラーに定着後、数々のタイトルを獲得。2006年には本塁打王、打点王の二冠に加え、パ・リーグMVPを獲得する活躍でチームの日本一に貢献した。同年オフにFAで読売ジャイアンツに移籍し、翌07年にはセ・リーグMVPに輝く。13年オフの中日ドラゴンズへの移籍後は主に代打として活躍し、15年に現役引退。2016年から4年間、中日ドラゴンズ二軍監督を務め、19年オフに北海道日本ハムファイターズ一軍ヘッド兼打撃コーチ就任を発表。

二軍監督奮闘記

著者 小笠原道大

2019年12月25日 初版発行
2020年1月25日 2版発行

発行者 横内正昭
編集人 内田克弥
発行所 株式会社ワニブックス
〒150-8482
東京都渋谷区恵比寿4-4-9えびす大黒ビル
電話 03-5449-2711（代表）
03-5449-2734（編集部）

装丁 橘田浩志（アティック）／小口翔平＋三沢稜（tobufune）
執筆協力 菅野徹
校正 東京出版サービスセンター
企画協力 株式会社中日ドラゴンズ
編集 大井隆義（ワニブックス）

印刷所 凸版印刷株式会社
DTP 株式会社 三協美術
製本所 ナショナル製本

定価はカバーに表示してあります。
落丁本・乱丁本は小社管理部宛にお送りください。送料は小社負担にてお取替えいたします。ただし、古書店等で購入したものに関してはお取替えできません。

ISBN 978-4-8470-6634-4
ワニブックスHP http://www.wani.co.jp/
WANI BOOKOUT http://www.wanibookout.com/